子ども家庭支援論

保育の専門性を子育て家庭の支援に生かす

守巧【編著】

佐藤 恵・齊藤 崇・齊藤 勇紀・松井 剛太【著者】

萌文書林
Houbunshorin

【編著者紹介】

　守　巧　……こども教育宝仙大学こども教育学部幼児教育学科 教授
　　　　　　執筆担当：3章／6章／7章／11章／12章

【著者紹介】

　佐藤　恵　…清和大学短期大学部こども学科 准教授
　　　　　　執筆担当：9章／13章／14章

　齊藤　崇　…淑徳大学総合福祉学部教育福祉学科 教授
　　　　　　執筆担当：5章／15章

　齊藤勇紀…新潟青陵大学福祉心理学部社会福祉学科 准教授
　　　　　　執筆担当：4章／8章／10章

　松井剛太…香川大学教育学部学校教育教員養成課程 准教授
　　　　　　執筆担当：1章／2章

はじめに

　子どもを取り巻く環境が変化してきていると言われて久しくなります。具体的には、核家族化が進み、その上、子育て家庭が生活している地域社会における人間関係が希薄になってきています。さらに、少子化の影響もあり、子ども同士はもちろんのこと、我々大人にとっても日常的に子ども達とふれあう機会が乏しくなってきています。そのため、自分の子どもが産まれるまで乳幼児と接したことがないという保護者は少なくありません。これらのことは、保護者にとってみると子育てがしづらい環境にあるといえる状況で、育児不安や子育ての負担感の高まりにつながり、ひいては児童虐待増加のリスクも高まっていきます。現に、児童虐待相談対応件数は年々増加の一方です。

　このような社会的状況を踏まえ、保育所と保育士等には新しい役割が求められるようになりました。2017 年に改定された保育所保育指針には、子育て支援の対象として保育所に入所している保護者だけではなく、地域で子育てをしている保護者も含むよう明記されました。さらに、2018 年に保育士養成課程が改正され、多様な家庭の課題を受け止めつつ、子どもの育ちと子育てを支える実践力を高めるため、子育て家庭への支援に関する科目の内容が整理されました。これらにより、保育士は保育のみならず子育て支援に関わる専門的な知識や技術を身に付け、適切に保護者の子育てを支援することが求められています。

　そこで、子どもを取り巻く環境の悪化や子育て家庭への支援の課題を踏まえた研究を、今後保育士となり活動する皆さんに活かしていただけるよう本書にまとめました。

　現在、幼児教育から高等教育まで「主体的・対話的で深い学び」が求められています。先に触れた通り、学生の皆さんの中にも周囲に乳幼児がいない環境で育ってきた人もいると思います。そのため、「子育て支援」を養成段階で経験を積むことや具体的にイメージしながら学びを進めていくことは難しいかもしれません。そこで、有用な図や表を使用するとともにできるだけわかりやすい表現で解説を行うよう工夫しています。また、知ったことから考え、対話を通して学びを一層深めるため、各所にワークを配し、皆さんが「主体的・対話的で深い学び」が実践できるようにしています。

　学習は、目的をもって習得する必要があります。そこで、「ここでは何を目的としてどのような内容を学ぶのか」といったことも「ねらい」として本書で明示しています。ぜひ、身に付けるべき事柄を意識しながら、様々な子育て家庭の状況を知り、支援の基礎的知識を習得してください。そして、その知識を「どの場面で、どのように使うのか」といったタイミングから求められる態度や姿勢まで、知識の習得に留まることなく考えを深め、支援場面に関連付けて活用できるようにしていただきいと思います。

　皆さんが支援する家庭は、実に多種多様です。「Aくんの家庭への支援がうまくいく＝Bくんの家庭へも同じ支援」というほど子育て支援は単純ではありません。皆さんが養成段階で多様な子育て支援の理解の基礎を築き、一つの考えに固執することなく、様々な視点をもって今後の変わりゆく社会の中でも未来を切り開く力を存分にふるえるようになることを願います。

2020 年 3 月　守　巧

目 次

PART 1
子ども家庭支援の意義と役割 ……………… 11

PART 2
保育士による
子ども家庭支援の意義と基本

PART 3
子育て家庭に対する
支援の体制

PART 4
多様な支援の展開と
関係機関との連携

本書の特徴と学び方

●PART や各章の「ねらい」を把握して学びの目標をつかもう。

PART や各章のタイトルの下には、何を身につけるかを示す「ねらい」があります。必ず事前に「ねらい」を把握して、明確な学びの目標をつかみましょう。

●本文下線部の周辺をとくにしっかり読み込もう。

本文の重要箇所には下線を付しています。その周辺を含め、大切な学びの要点をしっかりおさえましょう。

●図や表の示す情報をしっかり理解しよう。

保育士は様々な社会の様子を知っておくことが大切です。そのため、本書の図や表は充分な大きさで読み取りやすくなっています。また、図や表の示す本文の関連箇所に（図○）（表○）と示しています。本文の解説と図や表をしっかりと見比べて、保育士が必要とする情報を身につけましょう。

●ミニワークに積極的に取り組もう。

各章にはいろいろな形式のミニワークがあります。「観る（知る）」「調べる」「考える」「想像する」「話し合う」など様々な形式に取り組むことで、「主体的・対話的で深い学び」が実現できるようになります。

●振り返りページを活用しよう。

各章の学びはそれぞれ独立したものではなく、関連しています。そのため、本文の関連する箇所には（振り返りページ・章）と表記しています。相互に確認しながら学びを深めていきましょう。

●ポイントをおさえながら事例を読もう。

本書では必要に応じて事例をもとに解説を行っています。事例を読むときには、登場人物（子ども・保護者・保育士、等）の動きや心情、またそのように行動する背景など、丁寧にイメージしながら読み進めて考えたことを、解説と照らし合わせて学びを深めましょう。

PART
1

子ども家庭支援の意義と役割

ねらい：子育て家庭に対する支援の意義・目的を理解する。

第 1 章
子ども家庭支援の意義と必要性

第 2 章
子ども家庭支援の目的と機能

第1章
子ども家庭支援の意義と必要性

> **ねらい** ・保育における家庭支援の必要性を説明できる。
> ・現代の社会的状況における家庭の課題を理解する。

1 家庭とは

　「家庭」とは、夫婦・親子（祖父母・孫等含む）などの関係にある者が生活を共にする場所のことをいいます。では、「理想的な家庭」と聞いて、連想する言葉にはどういったものがあるでしょうか。3つ挙げてみましょう。

　多くの人が「安心」「落ち着ける」「温かい」「頼れる」「自分らしくいられる」など、前向きな言葉を思い浮かべると思います。つまり「家庭支援」とは、家庭がそこにいる人たちにとって、安全で、温かく、落ち着ける雰囲気になるように支援することを指すのです。
　保育士は、子どもや保護者と関わるとき、自ずとその家庭の状況を思い浮かべながら、子どもや保護者の様子を読み取ります。子どもや保護者の様子が普段と違うように感じたら、その家庭が何らかの支援を必要としているというサインかもしれません。次の事例①から、保育士の家庭支援を具体的に考えてみましょう。

📄 事例①

　保育所に通う4歳児A男の様子がいつもと違う。担当保育士に甘えて必要以上にしがみつくことが頻繁に見られるようになった。その保育士が他児と遊んでいると、その子を突き飛ばしたり、噛みついたりする姿も見られる。対応に困った担当保育士は、A男の変化を職員会議で報告し、他の保育士からの助言を求めた。
　報告を受けた保育所長が母親から事情を聞いた。すると、母親から最近の家庭の状況について話を聞くことができた。話によると、母親は夫の女性関係がもとで離婚し、近くに住むA男の祖父母宅に身を寄せたという。また、離婚をめぐる家族関係の変化のなかで、この3月に保育所を卒園し小学校に入学したばかりのA男の兄に登校しぶりが見られて、毎朝叱ってしまうとのことであった。また、母親はこれまで非正規職員として働いていたが、夫からの収入がなくなったため、介護関係の資格をとって正規職員として働きたいとも考えているという。そういった状況のなかで、心労を重ね、余裕を失っている状況であった。

　この事例から、A男の家庭が「そこにいる人たちにとって、安全で、温かく、落ち着ける雰囲気になる」ために、どういった支援が必要だと思うか、<u>すべて挙げてみましょう。</u>

　この事例①においては、たとえば次のような支援が考えられます。

▶ **A男に対する関わりを充実する**
　・A男が好きな遊びや活動の充実
　・担当保育士以外もA男に丁寧に応答的に関わる

▶ **母親の気持ちを受容する**
　・母親の変化を見逃さないようにする
　・母親の話を丁寧に聴く

▶ **祖父母に話を聞く**
　・祖父母がどのように家事や子育てに関わっているのか理解する
　・祖父母はA男や母親にどのような気持ちでいるのか理解する

▶ **兄の登校しぶりについて小学校と連携を取る**
　・卒園児である兄について、小学校の教員から話を聞く

▶ **介護関係の資格取得に関する情報提供**
　・母親へどのような資格があってどのように取得できるのかを情報提供する

▶ **ひとり親家庭の支援に関する情報提供**
　・ひとり親家庭に適用される支援（子育て・生活支援、養育費確保支援、経済的支援など）の情報提供

　家庭は様々な要素で成立しています。そのため、ひとつ歯車がかみ合わなくなると、いろいろな面にも影響が出てくることがよくあります。上記の例は一見すると、保育士が担うことではないような支援も含まれているように思うかもしれません。しかし、それが改善されると回りまわって保育の充実につながり、A男や母親の支えとなることがあります。したがって、家庭と密接に関わる保育士には、幅広い視野をもち、支援を必要としている家庭の状況を読み取ることが求められるといえるでしょう。

2　子どもの育ちにおける家庭と役割

(1) 子どもの権利と家庭支援

　保育士は、「子どもの最善の利益」を考慮して保育を行います。これは、1994年（平成6）に日本が批准した<u>子どもの権利条約</u>の一般原則と共通しています。具体的にいえば、『子どもに関することが行われる時は、「その子どもにとって最もよいこと」を第一に考える』

ということです★1。子どもの権利条約では、子どもたちの様々な権利が示されています。それらを大きく分けると下記の4つになります。

> 1. 生きる権利
>   すべての子どもの命が守られること
> 2. 育つ権利
>   もって生まれた能力を十分に伸ばして成長できるよう、医療や教育、生活への支援などを受け、友達と遊んだりすること
> 3. 守られる権利
>   暴力や搾取、有害な労働などから守られること
> 4. 参加する権利
>   自由に意見を表したり、団体を作ったりできること
>   【出典】公益財団法人 日本ユニセフ協会HP、https://www.unicef.or.jp/about_unicef/about_rig.html

「子ども家庭支援」においても、「子ども」が先に来ているように、第一に考えるべきことは、「その子どもにとって最もよいこと」です。つまり、保育士は、子どもにとって最もよい家庭環境になるように保護者を支えるということが基本です。

子どもにとって最もよい家庭環境とは、上記の権利が侵害されていないということが前提になります。しかし、それはすべての家庭に共通して最低限に保障すべきことであり、一人ひとりの子どもの育ちは、それぞれに固有のものがあります。一人ひとりの子どもや保護者が置かれた環境を見つめつつ、その子どもにとって最善の環境を追求する姿勢が求められます。

(2) 子どもの育ちにおける環境

保育所保育指針で述べられているように、保育所保育においては、子どもが現在を最も良く生き、望ましい未来をつくり出す力の基礎を培うために、環境を通して養護及び教育を一体的に行っています。ここでいう「環境」は、保育所における環境を指しますが、実際に子どもを取り巻く環境はもっと複雑で多様です。

ブロンフェンブレンナーは、人を取り巻く環境をいくつかのレベルに分けました。そして、それらが相互に関連しながら、子どもの育ちに影響を与えていることを指摘しています（右頁図①）。

この図からは、子どもにとって最も身近な環境は、「家庭」であることがわかります。そして、その「家庭」を包み込むようにして次に身近な環境は、「乳幼児が直接の人間関係を体験できる場」としての保育所等です。通常、子どもの育ちに関わる環境として思い浮かぶのは、こういった子どもにとっての直接の生活の場だと思います。

しかし、子どもの育ちにとっての環境は、もっと広義に捉えられます。子どもが住んで

★1 日本ユニセフ協会『子ども先生の広場』https://www.unicef.or.jp/kodomo/kenri/

いる地域や、保護者の生活の場や人間関係、そして日本という国の社会状況や価値観など
も影響しています。たとえば、子どもの権利に対して社会的にどのような関心が向けられ
ているのか、地域社会において子育てをしている保護者に向けられているまなざしは温か
いのか、自治体において子どもや家庭を支える制度は当事者のためになっているのか、と
いったことも、子ども家庭支援の大切な論点となります。

　保育士は、直接的に子どもや保護者と関わって支援することだけにとどまらず、社会全
体の状況を考慮したり、地域における資源を活用したりするなど、環境を広く捉えて支援
を考えます。

【図①】子どもと家族をとりまく環境

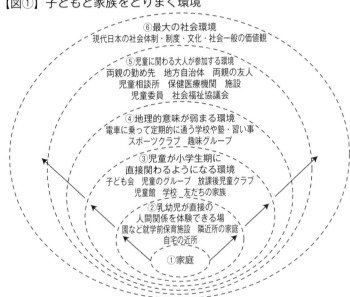

【出典】吉田眞理『児童の福祉を支える子ども家庭支援論』萌文書林、2019 年、p.49

3　現代の家庭における課題

　ここでは、子ども家庭支援の意義と必要性を考えるに当たって、現代の社会的状況にお
ける家庭の課題について考えていきましょう。トピックとしては、「家庭の子育ての状況」
「子ども虐待」「ひとり親家庭の状況」「子どもの貧困」「外国籍家庭や外国にルーツをもつ
家庭」「障害のある子どもの家庭」です。

(1) 家庭の子育ての状況

　現在では、かつてのように「父親が働いて、母親が家を守る」という伝統的な性別役割
分業による家庭はかなり少なくなっています(次頁図②)。多くの家庭が共働きとなり、保
育所を始めとする社会資源（第 9 章参照）を活用しながら子育てを行うのが一般的になっ

てきました。また、「イクメン」という言葉に象徴されるように、父親が子育てに関わることを推奨する雰囲気や行政・企業の制度も社会的に広がってきています。

【図②】共働き等世帯数の年次推移

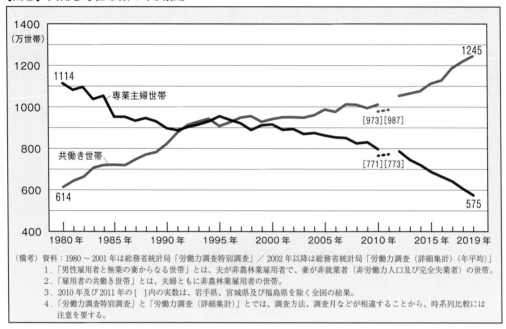

（備考）資料：1980～2001年は総務省統計局「労働力調査特別調査」／2002年以降は総務省統計局「労働力調査（詳細集計）（年平均）」
　　　　1．「男性雇用者と無業の妻からなる世帯」とは、夫が非農林業雇用者で、妻が非就業者（非労働力人口及び完全失業者）の世帯。
　　　　2．「雇用者の共働き世帯」とは、夫婦ともに非農林業雇用者の世帯。
　　　　3．2010年及び2011年の[　]内の実数は、岩手県、宮城県及び福島県を除く全国の結果。
　　　　4．「労働力調査特別調査」と「労働力調査（詳細集計）」とでは、調査方法、調査月などが相違することから、時系列比較には
　　　　　注意を要する。

　　しかし、1～2歳児期の実際の子育ての分担比率をみると、母親が8～9割を担っている家庭が最も多く、7～8割の母親は「自分の自由にできる時間が十分にとれない」と感じています[2]。

　　子どもに目を向けても、朝早くから夕方遅くまで保育所で生活している場合も多く、家庭で過ごす時間が少なくなっています。さらに、家庭内では、子どもが一人でスマートフォンやゲームを使用していることも少なくありません。そういったなか、家族が家庭内でゆっくりと一緒の時間を過ごすということが難しくなっています。

　　保護者は働きながら時間と余裕がないなかで子育てをしているという状況を想像することが大切です。家庭支援においては、保育の側からすると保護者に対して「家庭で子どもと関わる時間を増やしてほしい」と思うこともしばしばあります。しかし、たとえ保護者と関わる時間が短くても、その時間が子どもにとってうれしく充実した時間になるようにするという視点をもつことも必要になります。時間の長さだけを見るのではなく、短い時間でも質の高い関わりを促すような支援を考えましょう。

★2　東京大学大学院教育学研究科附属発達保育実践政策学センター（Cedep）・ベネッセ教育総合研究所、共同研究「乳幼児の生活と育ち」研究プロジェクト『乳幼児の生活と育ちに関する調査2017-2018（0－2歳児期）ダイジェスト版』ベネッセ教育総合研究所、2019年

（2）子ども虐待

　子どもの権利が侵害される家庭の状況として、子ども虐待が考えられます。児童相談所での児童虐待相談対応件数は増加し続けており（図③）、大きな社会問題になっています。

【図③】児童相談所での児童虐待相談対応件数とその推移

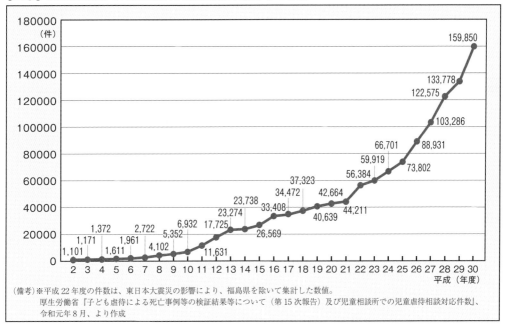

（備考）※平成22年度の件数は、東日本大震災の影響により、福島県を除いて集計した数値。
　　　　厚生労働省『子ども虐待による死亡事例等の検証結果等について（第15次報告）及び児童相談所での児童虐待相談対応件数』、
　　　　令和元年8月、より作成

　ただし、これは虐待が行われた実数ではなく、相談対応件数です。相談対応件数の増加には、2004年（平成16）の児童虐待防止法の改正により、通告の対象が「児童虐待を受けた児童」から「児童虐待を受けたと思われる児童」に変えられたことなどが背景にありますが、社会的に子どもへの虐待をよしとしない意識の形成や、昔と現在の子育てにおける認識の違いなども関連していると考えられます。

　2019年（令和元）6月改正、2020年（令和2）4月に施行された児童虐待防止法と児童福祉法では、保護者の体罰禁止が明記されました。そこでは、次のような行為が体罰とされています（表①）。

【表①】こんなことしていませんか

1.➡言葉で3回注意したけど言うことを聞かないので、頬を叩いた
2.➡大切なものにいたずらをしたので、長時間正座をさせた
3.➡友達を殴ってケガをさせたので、同じように子どもを殴った
4.➡他人のものを取ったので、お尻を叩いた
5.➡宿題をしなかったので、夕ご飯を与えなかった
6.➡掃除をしないので、雑巾を顔に押しつけた
【出典】厚生労働省「体罰等によらない子育ての推進に関する検討会」『体罰等によらない子育てのために～みんなで育児を支える社会に～』令和2年2月、p.5、https://www.mhlw.go.jp/content/11920000/minnadekosodate.pdf

　こういった行為に対して、かつての子育てにおいては、割と多くの人がしつけの手段として用いていたという認識もあり、「しつけのためには仕方ない」と考える人がいまだにいるのも事実です★3。

　一人ひとりの保護者がそれぞれに子育てに対する価値観をもっており、急に変えることはできません。児童虐待をしてしまった保護者を非難するのではなく、虐待に対する社会的認識の変化も踏まえて、保護者に現在の子育ての在り方を振り返ってもらう機会をつくったり、具体的な方法を伝えたり、行動見本を見せたりするなど、保護者が前向きに子育てに向き合えるようにすることが必要です。

> **✎ ミニワーク①**
>
> ▶ 「動画を見て話し合ってみよう」
> 　すこやか親子21のHP（http://sukoyaka21.jp/）にある動画（鷹の爪団「"愛のムチ"って、まちがってる!?」）を視聴しよう。その後、すこやか親子21の愛の鞭ゼロ作戦（http://sukoyaka21.jp/ainomuchizero）を読んで、家庭支援において参考にできることを話し合ってみましょう。
> 【話し合いのヒント】
> ・母親、父親、それぞれの立場を想像してみましょう。
> ・家庭が追い詰められてしまう社会状況を考えてみましょう。

(3) ひとり親家庭の状況

　ひとり親の家庭は、2016年（平成28）時点では、約142万世帯あります（右頁図④）。最大の要因は両親の離婚です。厚生労働省「平成30年（2018）人口動態統計月報年計（概数）の概況」によると、日本の離婚率は1.68で、1,000人のうち約1.7人が離婚しており、1年間で20万7,000組が離婚している計算になっています。

　ひとり親家庭では、とくに母子世帯において経済的な課題を抱えるケースが多く見られます。母子家庭の半数以上（56%）が養育費を受けとっておらず★4、母親の就労状況が直接家庭の収入となる場合が多いためです。また、祖父母等の支援が得られない状況にある場合は、保護者が一人で家庭のすべてを抱えがちになり、負担感や不安感が増大します。

　ひとり親の子どもは、保護者の愛情を受けにくいことで、発達上の課題が見えやすくなることもあります。しかし、それらがすべてひとり親である状況が要因であるわけではありません。ひとり親家庭にとって、保育士による支援は大きな支えになります。子どもや保護者に対して、「ひとり親だから…」というレッテルを貼らずに支援をする姿勢が望まれます。

★3　セーブ・ザ・チルドレンジャパンの調査で、成人2万人の約6割が子どものしつけとして体罰を容認している。
　　https://www.savechildren.or.jp/jpnem/jpn/pdf/php_report201802.pdf
★4　厚生労働省『平成28年度全国ひとり親世帯等調査結果報告 17養育費の状況』

【図④】母子世帯数及び父子世帯数の推移

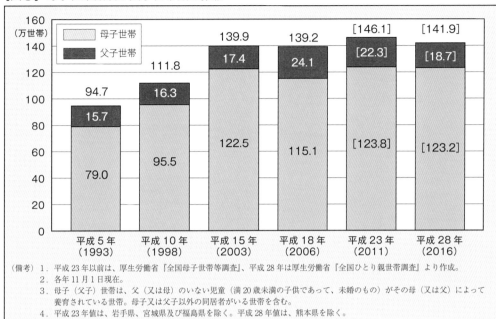

(備考)　1.　平成 23 年以前は、厚生労働省『全国母子世帯等調査』、平成 28 年は厚生労働省『全国ひとり親世帯調査』より作成。
　　　　2.　各年 11 月 1 日現在。
　　　　3.　母子(父子)世帯は、父(又は母)のいない児童(満 20 歳未満の子供であって、未婚のもの)がその母(又は父)によって養育されている世帯。母子又は父子以外の同居者がいる世帯を含む。
　　　　4.　平成 23 年値は、岩手県、宮城県及び福島県を除く。平成 28 年値は、熊本県を除く。

🖊 ミニワーク②

▶「調べてみよう」
　　ひとり親家庭が受けられる支援には何があるのか、調べてみましょう。
【調べ学習のヒント】
・経済的な支援以外のものも調べてみましょう。
・「こんな支援があったらいいのに」ということについて考えてみましょう。

(4)　子どもの貧困

　2013 年(平成 25)に「子どもの貧困対策の推進に関する法律」が成立しました。子どもの貧困に着目するきっかけになったのは、ユニセフによる「先進国における子どもの幸福度」(2013 年)のレポートです。そこで、日本の子どもの相対的貧困率[5]割合が先進諸国のなかでも高いことが示されました[6]。

　国内における相対的貧困の実態を見ると、2018 年(平成 30)時点で、13.5％の子どもが相対的貧困にあることが報告されています(次頁図⑤)。とりわけ、ひとり親に関しては、48.1％と半数近くが相対的貧困の状況にあることがわかります。

---

[5]　相対的貧困率とは、等価可処分所得(世帯の可処分所得を世帯人数の平方根で割って算出)が全人口の中央値の半分(貧困ライン)未満の世帯員の割合のこと。2015 年のデータでいうと、父親、母親、子ども 2 人の 4 人世帯の場合、税金など諸々差し引いたいわゆる手取りの額で年収 244 万円以下が相対的貧困の家庭となる。
[6]　ユニセフ イノチェンティ研究所・阿部彩・竹沢純子『イノチェンティ レポートカード 11 先進国における子どもの幸福度—日本との比較 特別編集版』公益財団法人 日本ユニセフ協会、2013 年、p.10、https://www.unicef.or.jp/library/pdf/labo_rc11ja.pdf

【図⑤】 世帯構造別　相対的貧困率の推移

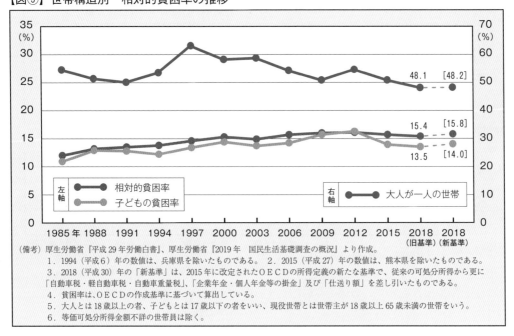

（備考）厚生労働省『平成29年労働白書』、厚生労働省『2019年　国民生活基礎調査の概況』より作成。
１．1994（平成6）年の数値は、兵庫県を除いたものである。　２．2015（平成27）年の数値は、熊本県を除いたものである。
３．2018（平成30）年の「新基準」は、2015年に改定されたOECDの所得定義の新たな基準で、従来の可処分所得から更に
「自動車税・軽自動車税・自動車重量税」、「企業年金・個人年金等の掛金」及び「仕送り額」を差し引いたものである。
４．貧困率は、OECDの作成基準に基づいて算出している。
５．大人とは18歳以上の者、子どもとは17歳以下の者をいい、現役世帯とは世帯主が18歳以上65歳未満の世帯をいう。
６．等価可処分所得金額不詳の世帯員は除く。

子どもの貧困とは、「子どもが経済的困窮の状態におかれ、発達の諸段階におけるさまざまな機会が奪われた結果、人生全体に影響をもたらすほどの深刻な不利を負ってしまうこと」[7]を指します。つまり、子どもの貧困は、今の生活の困窮にとどまらず、将来的に進学や就職において、自ら望む人生を選ぶチャンスを制約されてしまうのです。こういった状況から貧困の連鎖も懸念されています（図⑥）。

乳幼児期の子どもの家庭においては、所得の低い家庭ほど、「旅行やレジャーに行く機会が少ない」「習い事

【図⑥】　貧困の連鎖に陥るスパイラル

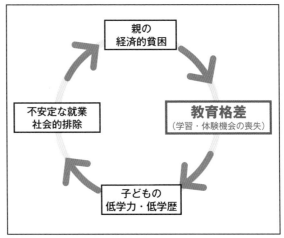

【出典】公益社団法人チャンス・フォー・チルドレン『相対的貧困とは何か?』https://cfc.or.jp/archives/column/2019/03/01/23762/

をする割合が低い」ことが報告されています。また、保護者の子どもとの関わりにおいても、「怒って手が出ることがある」「イライラして怒鳴ることがある」「どのように接したらいいかわからなくなることがある」といった点において、低所得の家庭ほど割合が多くなっています[8]。

★7　小西祐馬（2016）「乳幼児期の貧困と保育」、秋田喜代美・小西祐馬・菅原まゆみ編著『貧困と保育』かもがわ出版、2016年、p.30
★8　同上、pp.34-43

　保育所は、普段から子どもに対して遊びや活動の機会を提供しています。こういった機会の充実が、家庭生活での経験が乏しい子どもの経験を保障することにもなります。たとえば、食べ物がない、家がないなど人間としての最低限の生存条件を欠くような絶対的貧困と違い、はっきりと経済的に困窮している状態が見えなくても、ちょっとした不利が蓄積して、子どもの将来に影響を及ぼします。保育士には、子どもと保護者の両面に目を向けて支援をすることが求められます。

▶ **ミニワーク③**

　▶ 「調べてみよう」
　　みなさんが関心のある自治体にどのような子どもの貧困対策の取り組みがあるか調べてみましょう。
　【調べ学習のヒント】
　・自治体で行われている取り組みとNPOなど民間での取り組みの違いも調べましょう。

（5）外国籍家庭や外国にルーツをもつ家庭

　法務省在留外国人統計によると、2019年（令和元）6月末現在、日本にいる0～5歳の外国人は約113万人います。2019年より、新たな外国人材の受入れ制度が始まり、今後も外国籍の子どもをもつ家庭が増加することが想定されています。保育所においても、保育所保育指針に基づき、次のように子どもや家庭に対する適切な支援が求められています（下線部筆者）[9]。

① 子どもの国籍や文化の違いを認め、互いに尊重する心を育てるようにすること。
　保育所では、外国籍の子ども等をはじめ、様々な文化を背景にもつ子どもが共に生活しており、保育士等は、子どもや家庭の多様性を十分に認識し、それらを積極的に認め、互いに尊重し合える雰囲気をつくり出すよう努めることが求められる。
　そのため、たとえば
　・外国籍の保護者に自国の文化に関する話をしてもらう
　・自国の遊びや料理を紹介してもらう
　など、保育において、子どもや保護者が異なる文化に触れる機会をつくることにより、文化の多様性に気付き、興味や関心を高めていくことができるよう、子ども同士の関わりを見守りながら、適切に援助していくこと。
　なお、こうした際、外国籍の子ども等の文化だけでなく、宗教や生活習慣など、どの家庭にもあるそれぞれの文化を尊重すること。

② 外国籍家庭など、特別な配慮を必要とする家庭の場合には、状況等に応じて個別の支援を行うよう努めること。

★9　内閣府・文部科学省・厚生労働省『幼稚園、保育所、認定こども園等における外国籍の子ども等への対応について』2019年、https://www.city.kishiwada.osaka.jp/uploaded/attachment/79426.pdf

> 　外国籍家庭や外国にルーツをもつ家庭では、日本語によるコミュニケーションがとりにくいこと、文化や習慣が異なること等から、保護者は子育てに困難や不安、負担感を抱きやすい状況にあり、各家庭の状況等に応じた個別の支援が必要となる。
> 　こうした様々な問題に不安を感じている保護者は、その悩みを他者に伝えることができず、問題を抱え込む場合もあるため、
> ・保育士等は保護者の不安感に気付くことができるよう、送迎時などにおける丁寧な関わりの中で、家庭の状況や問題を把握する
> ・保護者に対し、子どもの発達や行動の特徴、保育所での生活の様子を伝えるなどして子どもの状況を保護者と共有するとともに、保護者の意向や思いを理解した上で、必要に応じて市町村等の関係機関やかかりつけ医と連携する
> こと等、必要に応じて個別の支援を行うこと。

　上記のように、外国籍家庭や外国にルーツをもつ家庭では、保護者の協力を得ることが不可欠になります。子どもは保護者に比べると適応が早い傾向にありますが、保護者はコミュニケーションや文化の違いから生活に戸惑う場合が少なくありません。そういった保護者にとって、保育所は支援を受けられる貴重な場であり、保育士は頼りになる存在です。

　一日の長い時間を共にする保育所では、食事等の生活習慣に関することで文化の違いを感じることも多くなります。しかし、基本的に、それぞれの家庭の文化を尊重しつつ、日本の文化も伝えていくことが大切です。そして、保護者が子育てに不安を感じている場合、より丁寧に意向や思いに寄り添い、実際的な支援をしていくことが求められます。自分が異国で生活していたら、どういったことに困るだろうかと想像して、家庭を支えることを意識しましょう。

(6) 障害のある子どもの家庭

　保育所には、様々な障害のある子どもが在籍しています。障害のある子どもを育てる保護者は、障害のない子どもを育てる保護者に比べて、子育てに関する悩みや不安が大きいことが報告されています。保育所における集団生活のなかで、ついついほかの子どもたちの様子と比べてしまったり、保護者同士の関係のなかで子育ての話がしづらかったりする状況もあります。

　障害のある子どもをもつ保護者が、特に悩みや不安に思うこととして、「子どもの発達や発育が気になる」「子どもの健康状態が気になる」「子どもに対する接し方が分からない」といった内容があります。また、「特になし」についても、障害のある子どもをもつ家庭とそれ以外の家庭には差があります（右頁図⑦）。

　保育士は、普段の保育のなかで子どもの様子を丁寧に伝えることでこういった悩みや不安に対応していくことが求められます。また、外部の専門機関との連携を図り、多面的に子どもと家庭を支える視点をもつことが大切です。

　また、2016年（平成28）の児童福祉法改正により、たんの吸引（口、鼻や気管切開から）

や経管栄養（鼻からのチューブや胃ろう）、酸素療法、人工呼吸器使用などの医療的ケアが必要な子どもに対する支援体制の整備が進められており、保育所への受け入れも徐々に進む見通しとなっています。

　医療的ケア児をもつ保護者においても、子どもから一時でも離れること、預け先がないこと、外出が難しいこと、相談に乗ってくれる相手がないこと、などの課題を有しています[★10]。保育士は、最も身近な理解者としてありたいものです。

【図⑦】子育てに関する悩みや不安【複数回答】（2017年）

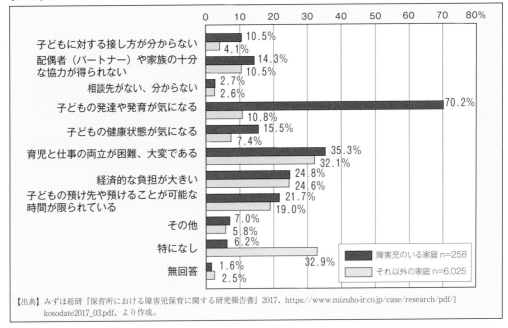

【出典】みずほ総研『保育所における障害児保育に関する研究報告書』2017、https://www.mizuho-ir.co.jp/case/research/pdf/] kosodate2017_03.pdf、より作成。

🖋 ミニワーク④

　▶「観てみよう」
　　「ふつうってなんだろう」の動画を見て、自分は「ふつう」と思っていたけど、他の人とギャップがあった体験を話し合ってみよう。
　【参照動画】NHK for School『ふつうってなんだろう』
　　　　　　　https://www.nhk.or.jp/tokushi/ui/origin/anime/

★10　三菱 UFJ リサーチ＆コンサルティング『医療的ケア児者とその家族の生活実態調査報告書 2020』2020 年、https://www.murc.jp/wp-content/uploads/2020/05/koukai_200520_1_1.pdf

第2章
子ども家庭支援の目的と機能

ねらい ・保育所保育指針における子育て支援の目的を説明できる。
・子ども家庭支援で求められる保育士の倫理について理解する。

1 子ども家庭支援の基本

(1) 子ども家庭支援の対象

保育士は、子どもにとって最もよい家庭環境になるような支援を基本とします。しかし、支援の対象となるのは、保育所に通っている子どもと家庭だけではありません。図①のように、子どもと親、そして親子関係を支えることを中心にしながらも、広くは「地域社会を育む」ということも範疇に入ります。

ここでいう「地域社会」とは具体的には何を指すのでしょうか。家庭が在る地域には、保育所に入所していない地域の子育て家庭、

【図①】家庭支援のターゲット

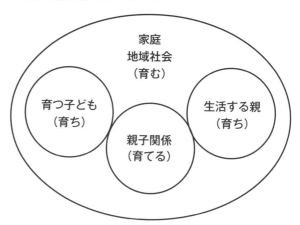

【出典】橋本真紀・山縣文治 編著『よくわかる家庭支援論』
ミネルヴァ書房、2015年、p.5

子どもたちを見守る地域住民、子育てを支援する地域の専門機関など、子育てしやすい地域となるための素地がたくさんあります。これらは間接的に保育所に通っている家庭の子育てにも影響を与えています。

たとえば、保育所の子どもたちが地域を散歩するとき、地域の人たちと笑顔で言葉を交わすこと、そのようなちょっとしたことが、子どもに寛容な地域住民を増やすことにもなるかもしれません。そういったことの積み重ねによって、家庭が子育てをしやすい地域づくりにつながっていきます。子育てをしている家庭が地域に受け入れられ、困ったときには助けてくれる人たちが周囲にいるという環境づくりも子ども家庭支援の対象となります。

(2) 子ども家庭支援の全体像

①問題と支援をつなぐ

　子ども家庭支援においては、基本的に「家族が困難に感じている状況」を対象とします。しかし、家族は困難に思っていないようだけれど、保育士から見ると支援が必要に思えるケースもあるでしょう。

　そういった保護者のニーズは「潜在的ニーズ」[1]といわれます。潜在的ニーズには、「困っている状態があたりまえになって、それが変わることを想像できていない」「困っているけど、それは誰かに言うことではなくて自分で解決することだと思い込んでいる」「子どもは困っているけど、保護者は困っていない」といったことが考えられます。こういったニーズには、保育士が、保護者や子どもの状況を客観的に伝えたり、支援を提案したりすることによって、困っている状況に対する気づきが生まれ、それを改善するための支援に向かうことが想定できます。

　一方、潜在的ニーズのなかには、「自分が困っていることは自覚しているけど、保育士には相談できない」ということもあります。そのような場合は、保護者が保育士に気軽に話ができる雰囲気や場の設定などを検討し、まずは相談しやすい関係性を築くことが大切です。加えて、保育士は、子どもを保育することだけではなく、様々な社会資源とつながりながら家庭全体を見て支援していることを伝えることで、様々なニーズを保育士に相談してもよいという（保護者の）心理的な壁も取り除くことができるでしょう。

　子ども家庭支援の全体像は、右の図②にあるとおりです。対象とする問題に対して、すべてを保育士が解決するのではありません。問題を抱えている家族とその問題を解決するために有効な社会資源をつなぐことも重要な支援です。

　ここでいう社会資源とは、保育所や保育士に加えて、行政によって整備された制度や専門機関・専門職者、また民間で実施されているボランティアや活動、親族など多岐にわたります。一つひとつの家庭がどのような問題を抱え、それに対してどういった社会資源が支援に有効なのかを判断し、直接的・間接的に支援に携わることを意識しましょう。

【図②】家庭支援の全体像

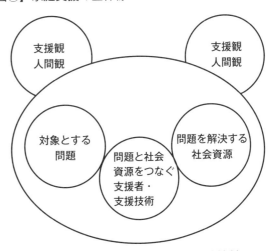

【出典】橋本真紀・山縣文治 編著『よくわかる家庭支援論』
　　　　ミネルヴァ書房、2015年、p.5、一部筆者改変

②保育士に求められる支援技術

　子ども家庭支援の支援技術として、保育士は 15 の保育技術を活用していることが次の表①の通り例示されています。

【表①】保育相談支援技術の例

	No. 技術の名称	技術の解説
受信型	1　観察	視覚的、聴覚的な情報から子どもや親の行動、状態、経過等の事実を捉える技術。観察は、保育技術の視点から行われる。
	2　情報収集	保護者や子どもの家庭での状態、家族関係等の情報を収集する技術。
	3　状態の読み取り	観察や情報収集により把握された情報を保育の知識から分析を行い、保護者や子どもの状態を捉える行為。
	4　共感・同様の体感	保護者の心情や状況への理解を共有する技術。また、保護者と同様の体感を共有する行為。
	5　承認	保護者がすでに行っている子育てにおける行為に着目し、保護者の行為によって生じた子どもの変化を伝える等により、保護者の親としての心情や態度を認める技術。
	6　支持	承認と同様に保護者がすでに行っている子育てにおける行為を保育技術の視点から把握し、保護者の子どもや子育てへの意欲や態度が継続されるよう働きかける技術。
発信型	7　気持ちの代弁	現象から保護者や子どもの心情を読み取って他者に伝える技術。
	8　伝達	個別の子どもや他の保護者の状態、時に保育士の心情や状態のありのままを分析を加えず伝える技術。
	9　解説	観察等により把握された現象に、保育技術の視点から分析を加えて伝える技術。
	10　情報提供	個別の子どもの心情や状態ではなく、一般的な保育や子育て、子どもに関する情報を提供する技術。
	11　方法の提案	保護者の子育てに利用可能な具体的方法を提案する技術。
	12　対応の指示	保育士が子どもや保護者に今後どのように対応するか、保育士側の対応を具体的に伝える技術。
	13　物理的環境の構成	保護者を支援することを目的として、物理的環境を構成する技術。
	14　行動見本の提示	保護者が活用可能な子育ての方法を、主として保育士が実際の行動で提示する技術。
	15　体験の提供	保護者が子育ての方法を獲得するための体験を提供する技術。

【出典】柏女霊峰・橋本真紀 編著『保育相談支援』ミネルヴァ書房、2016 年、p.63、一部筆者改変

　家族の抱えている問題を感じ取ったり、読み取ったりする技術が受信型として 6 つ示されています。そして、それらの問題に対応するときに使用する発信型の技術が 9 つ示されています。これらの技術は、保育士が日常的に使用していて、実際には意識をしていない

こともたくさんあります。ここから学ぶことは三つあります。

　第一に、子ども家庭支援は、必ずしも特別なことを指すのではなく、日常的に保育士が行っている保育業務のなかに埋め込まれているということです。表①の技術を見ると、受信型に見られる「観察」「情報収集」などは、毎朝の視診、保護者や子どもとの会話のなかで行われていることでしょう。また、発信型に書かれている内容も、その多くがあえて意識せずとも日常の保護者との関わりのなかで自然としていることが多いと思います。つまり、保育士が普段の生活のなかで、子どもたちや保護者のためを思いながらしている自然な行為がそのまま支援となり得るということです。

　第二に、これらの技術を概観して、自分が普段無意識によく使っている技術は何だろうと振り返ってみることで、自らの得意・不得意な技術を認識できることです。たとえば、いろんな保護者の話を聞くのが好きで「情報収集」は得意だけれど、その情報からの「状態の読み取り」は苦手だという認識があれば、同僚と情報を共有することで「状態の読み取り」を深めるということができます。このように、技術に対する自らの得意・不得意を認識することで、得意な面での支援を生かし、不得意な面は同僚にサポートしてもらいながら、保育所全体としての子育て支援の充実を図ることができます。

　これらの技術は、保育士としてだけでなく、家族や友人とのコミュニケーションにおいても成り立つものです。保育士になる前の段階であっても、自らの強み・弱みを知ることで、保育士としての振る舞いも意識できるでしょう。

　第三に、視点を変えるために活用できることです。家庭の問題に対して、思い浮かぶ支援に行き詰まりを感じた場合、この技術のなかで使用していないものはないだろうか、あるとすれば、その技術を使うとどのような支援ができるだろうか、とそれまでとは別の視点から支援を検討することができます。

　たとえば、保護者との関わりのなかでうまく行かなかった自分の支援を振り返ったときのことを考えます。反省のなかで、自分の支援は「対応の提示」をすることが多かったといったように特定の支援ばかりをしていたことに気づくことができれば、表①にあるように、「物理的環境の構成」から考えると何ができるだろうか、「気持ちの代弁」からするとどうか、「行動見本の提示」という視点からは何ができるだろうか、とほかの選択肢を考えることができます。

　このように、技術を知っておくことで、様々な選択肢を浮かべながら支援を行うことが可能になります。これらの技術を意識しながら経験を重ねることで、保護者のニーズに合った支援を検討することができるようになるでしょう。

③支援観・人間観

　先の図②で示した支援観・人間観も支援の実施に関係します。保育士にも一人ひとり自らの価値観があります。つまり、「家族が問題と感じている状況」に対して、それぞれの保育士の判断は異なる場合があるということです。

　その判断とは、主には、「問題の程度」と「支援の程度」の二つがあります。一つ目については、家族が抱えている問題に対して、ある保育士は支援を必要とするような問題で

はないと捉える一方、別の保育士は支援を必要とすると捉える場合もあるということです。問題への見立てによって、支援の考え方は大きく変わります。二つ目については、家族が抱えている問題に対して、これは保育所で解決できる問題だと判断する場合と、専門機関のサポートが必要だと判断する場合では、同じく支援の考え方が大きく変わります。子ども家庭支援は、子どもとの関係、保護者との関係、同僚との関係、地域の人たちとの関係、ほかの専門職との関係など、多様な人たちとの関係の上で成り立ちます。言い換えれば、多様な価値観があるなかで支援の判断を迫られるということになります。そういった判断のもととなるのが、自身の価値観です。次のワークを通して、自分の価値観を振り返ってみましょう。

🔶 ミニワーク①

▶「ダイヤモンドランキングワークをやってみよう」

①次の言葉のうち、9つを選び、9枚のカードに記す。

「平和、お金、信頼、時間、地位、挑戦、健康、自立、安定、仕事、子ども、芸術、恋愛、社会貢献、美、奉仕、家族、やりがい、夢、食べ物、自由、愛、命、友人、自己実現、努力、安心、達成感、遊び、出会い」

②9つをダイヤモンドの形に順位付けする。

③グループの人たちでランキングの違いを共有する。

④グループのランキングを作成する。

---

(3) 保育所保育指針にみる子ども家庭支援

　ここでは、保育所保育指針の第4章子育て支援のなかで示されている子ども家庭支援における重要事項を学びます。トピックとしては、「子どもの育ちを保護者と共に喜び合う」「地域の関係機関等との連携」「地域の保護者等に対する子育て支援」です。

①子どもの育ちを保護者と共に喜び合う

　現在の保育所保育指針では、第4章子育て支援とありますが、以前は「保護者への支援」でした。それが「子育て支援」となったのは、「保護者と連携して子どもの育ちを支えるという視点をもち、子どもの育ちを保護者と共に喜び合うことを重視して支援を行う」という見方を強調するためです。保育所保育指針解説に、下記の文言が記されています。

> 　保護者に対する子育て支援に当たっては、保育士等が保護者と連携して子どもの育ちを支える視点をもって、子どもの育ちの姿とその意味を保護者に丁寧に伝え、子どもの育ちを保護者と共に喜び合うことを重視する。保護者の養育する姿勢や力の発揮を支えるためにも、保護者自身の主体性、自己決定を尊重することが基本となる。
>
> 【出典】厚生労働省『保育所保育指針解説』フレーベル館、2018年、p.328

　子どもや家庭に対する「支援」は、保育の専門家である保育士が、専門家ではない保護者に子育ての知恵や取り組み方などのノウハウを提供することと考えられがちです。しかし、そのような一方向的な支援だけでは、保護者自身の養育する姿勢や力の発揮を支えられないこともあります。保護者が自ら子育てに前向きになり、自ら考え、決定する姿勢を支えるために、保育士には保護者と共に子どもを育てるという「伴走」の態度が求められます。そして、保護者と同じ目線になって、子どもの育ちを共に喜び合うことで、保護者の子育てを支えるのを基本とします。

　そのための具体的な方法として、保育における保護者の参加が示されています。

> 　保育の活動に対する保護者の積極的な参加は、保護者の子育てを自ら実践する力の向上に寄与することから、これを促すこと。
> 【出典】厚生労働省『保育所保育指針解説』フレーベル館、2018年、p.333

　保育を「参観」してもらうだけでなく、実際に「参加」してもらうことで、実体験を通して、子どもの遊びへの理解や保育士の子どもへの関わり方を学ぶ機会にもなります。保護者が保育や子どもに前向きな関心をもてるような参加の方法を考えてみましょう。

②地域の関係機関等との連携

　子ども家庭支援では、問題の解決に向けて社会資源を活用します。そのため、地域でそういった資源となり得る関係機関等と連携をすることはとても重要です。保育所保育指針解説には、次のように示されています。

> 　保護者に対する子育て支援を適切に行うためには、保育所の機能や専門性を十分に生かすことが重要である。その上で、自らの役割や専門性の範囲に加え、関係機関及び関係者の役割や機能をよく理解し、保育所のみで抱え込むことなく、連携や協働を常に意識して、様々な社会資源を活用しながら支援を行うことが求められる。
> 【出典】厚生労働省『保育所保育指針解説』フレーベル館、2018年、p.331

　「子ども家庭支援の全体像」で示したように、保育士が行う支援の一つに、家庭と社会資源をつなぐということがあります。そのためには、次の二点が求められます。

　第一に、地域に家庭の支援に関わり得る資源がどれくらいあるのかを把握することです。公的なものに加えて、民間にまで幅を広げて考えると、地域には多様な社会資源が存在します。それらを整理した上で、家庭のニーズに合致する社会資源がどこにどれだけあるのかを知っておきます。

　第二に、子育て支援に関する地域の人材と積極的に連携することです。

> 　市町村の支援を得て、地域の関係機関等との積極的な連携及び協働を図るとともに、子育て支援に関する地域の人材と積極的に連携を図るよう努めること。
>
> 【出典】厚生労働省『保育所保育指針解説』フレーベル館、2018年、p.341

　保育所が連携・協働する関係機関や関係者は、保育士とは違う価値観や専門性をもっている場合もあります。それらは、どちらかが正しいということはありません。子どもと家庭のことを第一に考えた上で、互いの思いや支援方法を尊重しながら、連携を図ります。そして、その地域における子育て分野や価値観を共につくり上げる仲間として協働することも保育士の大きな役割です。

③地域の保護者等に対する子育て支援

　子ども家庭支援の対象に「地域」も含まれることは先に述べたとおりです。保育所は、地域の子育てを担う中核施設として、入所している家庭にとどまらず、地域家庭に対して専門的な機能を提供することが求められています。保育所保育指針解説には次のように記されています。

> 　保育所における地域の保護者に対する子育て支援については、児童福祉法第48条の4において、保育所における通常業務である保育に支障をきたさない範囲で、情報提供と相談及び助言を行うよう努めることと規定されている。
>
> 【出典】厚生労働省『保育所保育指針解説』フレーベル館、2018年、p.339

　そのための具体的な方法としては、助言や行動見本の提示、育児講座や体験活動などが示されています。

> 　例えば、食事や排泄などの基本的生活習慣の自立に関することや、遊びや玩具、遊具の使い方、子どもとの適切な関わり方などについて、一人一人の子どもや保護者の状況に応じて、具体的に助言したり、行動見本を実践的に提示したりすることなどが挙げられる。
> 　また、子どもに対して、体罰や言葉の暴力など身体的・精神的苦痛を与えるような行為が不適切であり、してはならないものであることについても、丁寧に伝えることが必要である。
> 　さらに、親子遊びや離乳食づくり、食育等に関する様々な育児講座や体験活動、給食の試食会など、保育所の特色、地域のニーズなどに合わせた取組を進めていくことが求められる。
>
> 【出典】厚生労働省『保育所保育指針解説』フレーベル館、2018年、pp.339-340

　これらは、保育所の役割として、地域における育児不安の軽減や虐待予防が求められていることを示しています。地域の保護者が保育士を身近に感じて、気軽に参加できるよう、保育所の特色を生かした取り組みを考えることが大切です。

2　現代における家庭の機能

(1) 家庭機能の外部化・社会化

　家庭には、家族のメンバーを支える様々な機能があります。たとえば、「子どもに知識や技術を伝える教育機能」「家族の生命・財産を守る保護機能」「家族全体の安らぎを図るレクリエーション機能」「家族メンバー同士の慈しみや思いやりといった愛情機能」などが言われています。

　しかし、社会が発展するにつれて、こういった家庭機能は家庭の外で行われるようになっています。たとえば、教育機能は、保育所、学校、習い事などで主に行われ、保護機能は警察や行政の制度など、レクリエーション機能は公園や遊園地、児童センターなどが考えられるでしょう。愛情機能ですら、家庭によっては、機能不全の状態になっている場合も見受けられます。こういった状態において、家庭で果たすべき機能は、個々の家庭によっても異なっていることを認め、固定的なイメージをもたずに家庭支援を実施することも必要になるでしょう。

　たとえば、「子どものしつけを保育所に求める保護者」に対して、保育士はどのような感情を抱くでしょうか。しつけという一種の教育機能は、家庭の機能であるべきだという意見もあるでしょう。一方で、現代の家庭状況を見たときには、保育所でもやらざるを得ない時代であるという意見もあるかもしれません。また、しつけのなかでも、この部分だけは最低限家庭でやってほしいという意見もあるでしょう。このように、家庭の機能に対する考え方は、子どもや家庭への支援にも関連しているのです。保育士同士で家庭機能のことをテーマに話し合って、それぞれの考え方を理解し、保育所全体で共通認識しておくことも大切です。

　家庭機能が外部化・社会化していることは事実です。しかし、それでも家庭に残したい機能を考えつつ、機能不全に陥っている家庭を支えることが保育士に求められることだといえるでしょう。

◆ **ミニワーク②**

▶ **「話し合ってみよう」**
　　子どものしつけは家庭の機能か保育所の機能か、意見交換してみましょう。
【話し合いのヒント】
・「しつけ」って何を指すと思いますか？
・児童福祉法、教育基本法では、家庭の機能についてどのように書かれているでしょうか？

(2) 家庭機能の回復

　現代の家庭機能として、とりわけ保護者による子育てに関連することとして考えたいこととしては、次の表②の内容などが挙げられます。

【表②】現代の家庭機能

- ・養育機能（子どもの世話をして心身の成長・発達を促す）
- ・保護機能（社会にある危険から子どもを物理的・肉体的・精神的に保護する）
- ・休息機能（家族が心と体を休ませる）
- ・生活文化伝承機能（子どもがやがて社会に巣立つときのために、その国や地域の生活習慣やモラル、一般常識、伝統行事、習わし、人との付き合い方や礼儀、さらには人としての生き方を伝える）
- ・生命倫理観の醸成（生命観、自然観、倫理観など絶対性のある道義、人として守るべき筋道を子どもの心に根づかせる）

【出典】吉田眞理『児童の福祉を支える子ども家庭支援論』萌文書林、2019年、pp.18-24

　保育士は、これらの機能が働いていない家庭において、家庭機能を回復させることを大きな目標としつつも、場合によっては、保育所で家庭機能の代替をしたり、地域にある別の社会資源による代替機能を検討して、それらと家庭をつないだりすることを通して、子どもの育ちを支えます。

　家庭機能の外部化・社会化が進むことで、家庭で果たす機能が縮小していることは確かです。ただ、機能が縮小したからといって、保護者が楽になったかというとそうではありません。核家族の増加、共働き家庭の増加、地域住民の関係の希薄化によって、家庭の機能を担う時間的な余裕や人材の不足などにより、ちょっとした問題でたちまち機能不全に陥ってしまうという危機を抱えています。

　第1章で述べたように、現代の家庭では、様々な課題を抱えてしまいやすい状況にあります。そのなかで、子どもを最優先に考えながら一つひとつの家庭のニーズを捉え、家庭の機能を回復・代替することを念頭に支援を行いましょう。

ミニワーク③

▶「振り返ってみよう」

　表②の5つの機能に関して、自分が子どものときにどこで学んだのか振り返ってみましょう。

3　子ども家庭支援における「保育士」

(1) 家庭から見た保育士の存在

　保護者は、保育士をどのような存在と思っているのでしょうか。かつて就学前施設や学校に対して自己中心的かつ理不尽な要求をする保護者を意味するモンスターペアレントという言葉が広く知られたことがありました。実際には、そのような保護者はごく一部であったにもかかわらず、あまりに印象的な言葉だったため、保護者は苦情をいう存在、保育士はそれに応えるのが当たり前の存在といった認識が双方につくられた部分もあります。

　しかし、実際には、多くの保護者は保育士を頼りになる存在と捉えてくれています。子育てをすることの大変さが社会的に認知されたことで、長時間子どもに寄り添う保育士の仕事の難しさを多くの人が実感するようになったためです。

　そういった保護者の期待に応えるためには、まずは保護者に対して、「面倒な存在」「苦情を言ってくる存在」といったネガティブな意識を取り払うことが肝要です。保護者を信頼し、共に子どもを育てる仲間であることを積極的に発信しましょう。そして、どのような保護者であっても、強みを見つけて、保護者も子どもと共に育つことを信じるという態度で支援を行いましょう。

(2) 保育士に求められる倫理

　2001年（平成13）に「保育士」が国家資格となって、専門職者としての責務が一層問われることになりました。それに伴い、2003年（平成15）に全国保育士会及び全国保育協議会によって、「全国保育士会倫理綱領」（次頁表③）が採択されました。

　この倫理綱領は、前文と8項目で構成されていますが、保育士が子どもの保育だけでなく、保護者や地域社会も見据えて業務を実施することを示しています。前文には、「私たちは、保護者の子育てを支えます」「私たちは、子どもと子育てにやさしい社会をつくります」とあります。これらは、子ども家庭支援の理念に合致しています。すなわち、保育士は、「子育て支援」を通じて、子どもにやさしく子育てをしやすい社会づくりに貢献することが規定されているのです。

　また、「3.保護者との協力」「4.プライバシーの保護」「6.利用者の代弁」「7.地域の子育て支援」の4つは、子ども家庭支援との関連が深い項目です。保育士は、子どもの最善の利益を第一に考え、「保護者との協力」のもとで子育てを支えます。その過程で得た情報や秘密は「プライバシーの保護」のため、外部に漏らしません。保護者が自らのニーズに気づいていなかったり、自ら訴えられる状態になかったりするときには代弁して支援が受けられるようにします。そして、地域の社会資源と協働して子育てを支援します。

　ここで大切なことは、ここに書かれている文言を保育士の業務として具体的に思い浮かべることです。たとえば、「3.保護者との協力」には「保護者とより良い協力関係を築く」

【表③】全国保育士会倫理綱領（平成15年2月26日 平成14年度第2回全国保育士会委員総会採択）

全国保育士会倫理綱領

　すべての子どもは、豊かな愛情のなかで心身ともに健やかに育てられ、自ら伸びていく無限の可能性を持っています。

　私たちは、子どもが現在（いま）を幸せに生活し、未来（あす）を生きる力を育てる保育の仕事に誇りと責任をもって、自らの人間性と専門性の向上に努め、一人ひとりの子どもを心から尊重し、次のことを行います。

　　私たちは、子どもの育ちを支えます。
　　私たちは、保護者の子育てを支えます。
　　私たちは、子どもと子育てにやさしい社会をつくります。

（子どもの最善の利益の尊重）
1．私たちは、一人ひとりの子どもの最善の利益を第一に考え、保育を通してその福祉を積極的に増進するよう努めます。

（子どもの発達保障）
2．私たちは、養護と教育が一体となった保育を通して、一人ひとりの子どもが心身ともに健康、安全で情緒の安定した生活ができる環境を用意し、生きる喜びと力を育むことを基本として、その健やかな育ちを支えます。

（保護者との協力）
3．私たちは、子どもと保護者のおかれた状況や意向を受けとめ、保護者とより良い協力関係を築きながら、子どもの育ちや子育てを支えます。

（プライバシーの保護）
4．私たちは、一人ひとりのプライバシーを保護するため、保育を通して知り得た個人の情報や秘密を守ります。

（チームワークと自己評価）
5．私たちは、職場におけるチームワークや、関係する他の専門機関との連携を大切にします。また、自らの行う保育について、常に子どもの視点に立って自己評価を行い、保育の質の向上を図ります。

（利用者の代弁）
6．私たちは、日々の保育や子育て支援の活動を通して子どものニーズを受けとめ、子どもの立場に立ってそれを代弁します。
　　また、子育てをしているすべての保護者のニーズを受けとめ、それを代弁していくことも重要な役割と考え、行動します。

（地域の子育て支援）
7．私たちは、地域の人々や関係機関とともに子育てを支援し、そのネットワークにより、地域で子どもを育てる環境づくりに努めます。

（専門職としての責務）
8．私たちは、研修や自己研鑽を通して、常に自らの人間性と専門性の向上に努め、専門職としての責務を果たします。

社会福祉法人 全国社会福祉協議会
全 国 保 育 協 議 会
全 国 保 育 士 会

とありますが、ここでいう「より良い協力関係」とは、日常の保育で何を指すと考えますか。

　保育士が保護者にお願いしたことに快く応じてくれる状態でしょうか。子どもや家庭のことを気兼ねなく話し合える状態でしょうか。それとも、ただただ健康でうれしそうに保育所に来てくれる状態でしょうか。そこには、先に述べたように、支援に対する価値観が大きく関わってきます。5つ目の項目に「5. チームワークと自己評価」があります。職場における同僚や外部の専門機関との関係性のなかで、多様な価値観を尊重しつつ、子どもと家庭に最善の支援を検討することが求められるでしょう。

📖 **トピック**

▶保護者への情報公開について

　多くの保護者は、子どもが保育所でどのような保育を受けているのか知りたいと思っています。しかし、実際に、保育者が保護者と話をする時間は短く、保護者に十分伝えきれていないのが現状です。

　児童福祉法第48条の4において、「保育所は、当該保育所が主として利用される地域の住民に対してその行う保育に関し情報の提供を行い、並びにその行う保育に支障がない限りにおいて、乳児、幼児等の保育に関する相談に応じ、及び助言を行うよう努めなければならない」とされ、情報提供を行うよう規定されています。

　日本保育協会による「保育所等の情報公開・情報発信に関する調査研究報告書」（2018）によると、情報発信の方法として、①HPでの情報提供、②保育・教育コンシェルジュによる情報提供、③冊子・情報提供シートによる情報提供、④地域住民に向けた直接的な情報発信が主に行われているそうです。

　昨今の新型コロナウイルス感染症対策のこともあって、HPの利用に見られるようにICT★2の活用は今後も重要な情報発信の方法として検討されていくでしょう。ICTの活用に慣れている若い世代の保育士が子育て世代に応じた柔軟な発想で考えていくことが望まれます。

　一方、自治体による保育・教育コンシェルジュ、地域の自治会・住民との交流といった対面による直接的な情報提供もまだまだ重視されています。冊子についても、手渡しをすることによる効果もあることが考えられます。

　ワクチンの普及や治療薬の確立がまだ為されていないウィズコロナの時代といわれるなかで、密な連携が求められながら、物理的な密の状態は避けなければならない難しい判断に置かれています。ピンチをチャンスに変えられるように、ICTと対面のメリット・デメリットを鑑みた保護者との情報提供の方法を新たに創出したいものです。

★2　ICTとは「Information and Communication Technology（情報通信〈伝達〉技術）」の略称で、通信技術を活用したコミュニケーション、情報や知識を共有することを指します。同様の言葉に、ITは「Information Technology（情報技術）」の略称で、コンピュータやネットワークを介して行われる情報処理に関する技術のことです。また、IOTは「Internet of Things（モノのインターネット）」の略称で、PCに限らず、「様々な物がインターネットにつながること」「インターネットにつながる様々な物」を指しています。

PART
2
保育士による子ども家庭支援の意義と基本

ねらい：保育の専門性を生かした子ども家庭支援の意義と基本について理解する。

第3章
保育の専門性を生かした子ども家庭支援とその意義

ねらい ・保育の専門性を生かした子ども家庭支援の実際の様子を知る。
・保育の専門性を生かした子ども家庭支援とその意義について考える。

1　保育の専門性を生かした子ども家庭支援の実際

　保育士とは、児童福祉法第18条の4で「保育士の名称を用いて、専門的知識及び技術をもつて、児童の保育及び児童の保護者に対する保育に関する指導を行うことを業とする者をいう」と位置付けられた国家資格の専門職です。保育を行うことはもちろんのこと、保護者や地域の子育て家庭に子育ての指導や助言なども行う専門職としての役割も求められています。さらに実際の子育て支援を行うに当たっては、第2章（p.29）でも述べていますが、保育所保育指針解説では、子育て支援に関する留意事項として、保育所の機能や専門性を十分に生かすことが重要とされています。

　それでは保育の専門性を生かした子育て支援の実際の様子はどのようなものでしょうか。以下に保育所の特性を踏まえた事例を挙げながら見ていきたいと思います。

（1）保護者とのつながりを生かす

事例①

　保育士は、2歳児のKくんの歩行の状態からそろそろトイレでの排泄も試し始めることができるのでは、と感じていた。このことをKくんの母親と相談したところ、自宅でもトイレットトレーニングに取り組むことに協力を得られた。

　保育士は、Kくんが排泄をしそうな時間を確認し、その時間になったらトイレに行くことを誘ってみる、ということを続けていった。最初は、間に合わなかったりしたが、少しずつ成功するようになっていった。また、母親もタイミングをみてトイレに連れていくようにした。

　毎日の送迎時に、こまめに母親と情報を交換し、互いの前でKくんをほめたりした。このやりとりを通してKくんは家庭と園とで同じように過ごすことができ、排泄の自立ができていった。

　保育士が行う支援は、相談業務を扱う他の専門職とは違って独自性がある相談支援です。その大きな点としては相談支援に加え、この事例のように保護者との協力体制のもと、実際に継続的な支援をするところに特徴があります。トイレットトレーニングは、繰り返し試みるなかで成功体験を積み重ねながら身につけていきます。排泄の自立は、子どもの

個人差はあるものの、得てして時間がかかるものです。また、園と家庭とで同じ対応をしないと子ども自身が混乱してしまいます。そのため、保護者と情報を共有しながら、園と家庭で同じ歩みをしていく必要があります。

　また、この保護者との一連のやりとりを通して、信頼関係を築いていきます。そして、保護者にとって保育士は子どもの成長を共に喜び合う存在として位置づいていくのです。

(2)　異年齢の関わりを生かす

📄 **事例②**

　　保護者会が終わった直後、保育士にTくん（5歳児）の母親が心配そうな表情で相談をしてきた。「友達とのやりとりもそうですが、見ているとタケシは年長さんなのにすごく幼くて。まだまだ甘えてくるし。このまま小学校に行けるか心配で。他の子どもと平気でケンカしそうで…」と話し始めた。

　　保育士は、Tくんにはたしかに幼いところがあるものの、年齢相応の幼さと考えていた。また、園庭で遊んでいるときには、年少の子どもの世話をしたり、ルールを教えたりして遊んでいる姿も見ていた。

　　そこで、来月園では園内芋掘りがあり、年長児が年少児と一緒に過ごす日でもあるので、Tくんの年少児への接し方も含め、参観をして様子を見ることをすすめた。

　　当日、母親は気を遣いながら年少児に接しているTくんの姿を見て感心をしていた。「こんなTの姿を見たことがないので驚きました。あんな風に接することができるのですね。ありがとうございます」と感謝の気持ちを伝えていた。

　多くの保護者は、年齢に比べて自分の子どもが幼いと感じます。おそらく、保護者は子どもにとってたくさん甘えられる存在であることから、保護者には「甘えている」面が強調され、その結果幼く感じるのだと思います。

　この事例の保育士は、心配する母親に対して「みんな同じように幼いですよ」「考えすぎです」といった助言ではなく、保育活動を生かして実際に見てもらうという選択肢を選びました。実際に年少児と接している姿を見ることで、母親はTくんの成長を感じることができ、心配が軽減されたはずです。

　近年では、子育て環境の変化から、以前のように自然発生的につくられていた異年齢集団ができません。そのため、園での異年齢同士の関わりは貴重な場となっています。保育士は、園が社会性を育む場としても求められていることを踏まえて子どもの環境を整え保育を行い、保護者に子どもの育ちを適切に伝え家庭支援をすることが必要となります。

（3） 子ども中心につくられた環境を生かす

📄 事例③

　　週に1回、水曜日の午前中に園庭開放をしている保育園。その日は、親子20組が園に遊びに来ていた。子ども達が遊んでいる近くで見守りながら保護者同士で話をしたり、保育士に相談をしたりしていた。

　　一人の保護者が、子どもが友達と走っている様子を見ながら保育士に話しかけきた。保護者は、「自宅だと思うように身体を動かせないので、こうやって思いっきり動かせる場所があると助かります。今は公園でもブランコしかなかったり、子どもの声を嫌がられたりするところもあるので」と日頃抱えている悩みを話しかけた。すると、それを聞いていた他の保護者が賛同し始めた。

　　園には、地域の子育てを支援する機能も求められています。事例の園庭開放は、その具体的な取り組みの一つです。

　　この事例からは、園庭開放により、子どもが安全な環境下で思う存分体を動かし健やかな成長・発達をしていく経験を得ることがわかります。子どもが遊ぶ環境に何かと制約がかかってきている現状を考えると、「身体を動かす場所」として園庭を開放し、地域に開かれた保育所として子育てを支援することも大切です。このことを鑑みると保育所の園庭開放には、たとえば普段使わない部位を動かすような運動を遊びのなかに取り入れ、楽しく遊べるような環境を用意して親子に提供するとよいでしょう。

　　保育所でできる支援は園庭開放に限らず、絵本読み聞かせ会や離乳食指導会、保護者のケースによっては保健師による健康相談などを行っており、子どもの健やかな成長・発達に役立ち、保護者も様々な知識や安心感を得ることができます。このように、子どものために環境を整えられた保育所の環境を最大限活用することで、地域に住んでいる親子を支えることがたいへん重要です。

（4） 保育士としての技術を生かす

📄 事例④

　　ある日、保育士が、0歳児のMちゃんの母親から相談を受けた。相談内容は、Mちゃんは食事の際、持っている食具をすぐに投げてしまい、そろそろ一人で食べてほしいのに注意してもやめない、とのことであった。母親は、関わるときのやり方や、自分の表情や言葉かけが間違っているのかもしれないと自信を失っている様子であった。

　　保育士は、母親にはMちゃんが自分の肩を思うように動かすことができるようになったことから「物を投げる」楽しさに気がついたことや、普段の遊びのなかで投げる動作が必要な遊びを取り入れること、さらにはMちゃんだけではなく、この時期はみんなやっていることを伝えた。

　　母親はそれを聞くと安心した様子で帰って行った。

　自分の子育てに対して、胸をはって「私は（子育てを）ちゃんとできています！」と自信をもって言える保護者は少ないものです。それほど、保護者の誰もが自分の子育てに対して自信がありません。

　しかし、多くの保護者は子育てにまじめに取り組み、その保護者なりに子どもへの関わりを工夫しています。子どもの特徴をうまくつかみ、生活に取り入れ、過ごしやすい環境をつくっている保護者がいます。保育士は子どもの保育の専門職ですから、その知識や技術を生かし、そこで保護者の子育てへの自信をそっと後押しするようサポートをします。

　具体的には、この保育士のように子どもの年齢に沿った発達の特徴について専門的な知識を保護者に伝えます。事例の場合では、保護者は他の子どもと比べながら自分の子どもの様子を認識することが多いことから、専門的な知識のなかに他児の様子にも触れることで理解がしやすくなったことでしょう。このように保育士は自らの知識や技術を、子どもや保護者の置かれた状況を踏まえ適切に支援に生かす工夫が大切です。

(5) 専門職を生かす

📄 **事例⑤**

> 　０歳児のめばえ組では、保護者会を実施するにあたり、事前にアンケートをとって子育てで悩んでいることを保護者にうかがった。すると、とくに離乳食など、子どもの食事についての悩みが多かった。そこで、担任保育士は、栄養士と相談して発達に応じた離乳食の作り方について時間を設けることにした。
> 　保護者会当日、栄養士には、実際に離乳食を作ってもらい、保護者が見たり、食べたりしながら進めた。また、保護者がその場で自由に質問できるように配慮した。
> 　後日の連絡帳には、「直接離乳食を作っているところを見ることがないので、とても貴重だった」「直接栄養士さんに質問ができて、日頃の疑問が解消できてためになった」などの感想が多く寄せられた。

　園には、保育士以外の専門職がいます。栄養士もその一人です。園における保育や子育て支援には、それぞれの専門性を認識しつつ、互いの専門性を理解し、知識や技術を効果的に活用していくことが望まれます。

　園には栄養士の他に看護師もおり、保育士との定期的な会議があります。具体的には、栄養士とは献立や味付けについて、看護師とは子どもの流行病や予防等について情報を交換したりします。その際には、それぞれの専門的視点から意見を伝え合う機会を設けたり、役割分担を明確にしたりしています。会議や保護者との普段からの相談を通して、保護者の相談に応じるための体制を整えたり、適切な情報提供をしたりしていきます。

（6）専門機関との連携を生かす

📄 事例⑥

　Sちゃん（4歳児）は、集団での活動が苦手でイスに座って保育士の話を聞くことができない。保育士が話し始めると走って保育室から出て行ってしまう。

　園で催される保育参加の翌週には個人面談が予定されており、保育参加の内容も踏まえて個人面談を実施している。

　保育士はSちゃんの行動が気になっており、そのことを個人面談でどのように伝えるか迷っていたが、母親の方から友達の姿と違うことが気になっていると話し始めた。

　保育士は、園でのSちゃんの姿を伝えた上で、児童発達支援センター（以下、センター）についての説明をした。母親が父親とも相談したところ「Sのためだったら」と理解を得て週1回センターに通うことになった。保育士は、センターの職員から「様子を見に来てみませんか？」と誘ってもらったので、見学に行った。センターでは、その日の予定を写真や絵でわかりやすいよう工夫されており、それを見ながら理解して予定に沿って動いているSちゃんがいた。保育士は、職員と相談して園で取り入れられる視覚的支援を検討し、実践した。また、職員と月に1回電話でやりとりをしてSちゃんの発達の状況とそれへの支援の在り方、さらに保護者の様子などの情報交換の場を設けた。そして、互いに取り入れられるような保育実践を探す作業を共に話し合った。

　Sちゃんを中心として保育士とセンターの職員がつながりました。また、保護者もSちゃんの姿を受け入れ、園生活をスムーズに過ごすことができるように配慮しています。

　「専門機関との連携」と一言でいっても、どのように関係を築いていけばよいのか、あるいは保育業務の話をすすめていけばよいのかわからないことがあります。また、「指示を出す—指示に従う」という関係性では、連携とはいえません。

　そのため、連携が形だけにならないよう気をつける必要があります。この事例の保育士とセンター職員のように対等な立場のもと相談し、互いの専門的知識を交換しながら、子どもが過ごしやすくなる環境を模索していくことが大切です。

🔖 ミニワーク①

　▶「考えてみよう」

　保育士（所）が子育て支援に役に立っている場面の例を考えてみましょう。また、どのような点が役に立っているのかそのポイントを整理し、周りの友達と意見交換をしてみましょう。

2　子ども家庭支援の意義とは

　1では、保育の専門性を生かした実際の支援の取り組みの実際の様子の一端について触れてきました。それではそのような子ども家庭支援を行うことによる意義とはどのようなことでしょうか。(1)～(3)に分けて考えていきます。

(1)　子どもの健やかな成長・発達のために

　第1章では、保育士は保育実践において「子どもの最善の利益」を考慮して行われるものであると述べました。また、「子ども家庭支援」においても、「子ども」という言葉が先にきているように、第一に考えるべきことは、「その子どもにとって最もよいこと」と述べました。

　そのため本項ではとくに子どもに対する視点から、子ども家庭支援の意義について考えていきます。

①子どもへの理解を深める

　子どもは、家庭と園とで連続した生活を過ごしています。そのため、子どもの健やかな成長・発達を支えるためには、保護者との協働が欠かせません。保育士と保護者が協働していくことで、園と家庭が共に子どもの姿や育ちの方向性についてさらに理解を深め共有することができるようになります。そこで、協働していく過程で保育士には、保護者に子どもの成長に気がつくような働きかけを行い（関わり）、子どもの成長の喜びを感じられるような支援が求められます。保護者に自分の成長を認めてもらう子どもは、安心感を得て落ち着いた気持ちで生活をすることができるのです。

　保育現場においてよくあることとして、2歳児にみられる「イヤイヤ期」への理解があります。保育士にとっては、子どもが徐々に言いたいことややりたいことが出せるようになってきて自我が芽生えてきたこととして、“うれしい変化”として捉えています。

　しかし、保護者にとってはこれまで自分の指示などを聞いてくれていた我が子が何を言っても「いや！」となるので、“悲しい変化”としてその姿が捉えることが多くあります。そのため、子どもに言うことを聞かせようして保護者が「ダメ！」「どうして聞けないの？」などと強く接することもあるでしょう。子どもはこのとき、自分を受け止めてもらえないと捉え、安心感も生まれずますます「イヤイヤ！」と繰り返すことでしょう。そこで保育士は保護者に対し、まずは「怒らない」「子どもの話を聞く」「子どもと一緒に考える」などの基本姿勢を保護者に伝え、保護者の意向を押しつけることではなく、子どもの気持ちに沿った接し方を伝えるなどします。このように具体的な方法とともに、保護者にとっては一見否定的に見える子どもの姿にも発達的意義があることを伝えることで、保護者の子どもへの理解が深まります。また、理解が深まることで保護者の子どもへの関わり方にさらに工夫が生まれます。

　このように保育士はよりよい親子の関係を築くことを通して保護者との信頼関係を築

き、保育士、保護者双方が子どもへの肯定的な眼差しをもち保育を行うことで、子どもの
健やかな成長・発達を支えていくことができるのです。

②子どものよいところを共有する

　子どもが保育所で集団での生活を始めると、保護者の子どもへの成長・発達の視点が広
がりをみせます。同年齢の子どもの成長・発達を見ることで我が子の成長・発達を確認す
ることができるからです。しかし、保育士はこの点に注意が必要です。なぜなら、保護者
は我が子の「できる」「できない」といった発達の視点に目が向きがちだからです。その
ため、他児との比較から、我が子の「よさ」「その子らしさ」「強み」といった視点が見え
にくくなります。

　そこで、保育士による支援が必要となります。日々の送迎時の会話や連絡帳などの媒体
を通しての支援など、多様な支援を使いながら子どもの育ちへの気づきやそれについての
保育士のメッセージなどを具体的なエピソードを交えながら、保護者に伝えます。これが
保護者の子育てへの喜びの実感へとつながっていきます。

　しかし、園と家庭とでは過ごしている環境が違うため、保育士と保護者が見ている子ど
もの姿にも違いが生じます。そこで、保育士も保護者に子どもの姿を伝えてもらうことで
「よさ」「その子らしさ」「強み」が明確になり、保護者にとってもより明確になります。
このように保護者と情報を共有することは、保育の質の向上にもつながります。

③保護者との信頼関係を深める

　子どもの最善の利益を考慮するとき、子どもの適切な子育て環境を保障することも保育
士に求められ、これまで述べてきたように協働的な関係が望まれます。

　一方で、子どもを中心として保育士と関係を築くことが難しい保護者がいます。たとえ
ば、保護者自身が心身の状態、あるいは経済状態、家庭内の関係不和、子どもが抱えてい
る問題などの悩みが蓄積すると、それが親子関係に強く影響を与えることがあります。と
きには、虐待をする保護者もいます。

　保育士は、日常的に子どもの育ちや保育中の子どもの姿、発達の特徴や興味・関心の在
り方などを保護者に伝えながら、よりよい親子関係を目指します。あわせて、虐待をする
保護者は保護者側に課題があることが多いので、保護者の様々な悩みにも耳を傾け、受け
止めていくようにしましょう。

　また、自己肯定感が低い保護者が多く、子どものよい情報を伝えても、保育士が望むよ
うに解釈してもらえないこともあります。子育てを支援する具体的な実践の一つに「保護
者の前でモデルとして示して理解してもらう」技術がありますが、保護者から「私にはで
きない」と聞き入れてもらえないことがあります。保育士は、保護者が「今行っている行
為で、子どもが喜んでいること」を伝えていくことで、自分の関わりを意識化し印象づけ
るとともに、自信をもってもらうよう心がけます。保護者は、これによって子どもとの関
わりを具体的に学ぶことができ、自己肯定感が高まり、親子関係の好転が望まれ、保育士
との信頼関係を築いていくことができます。

（2）保護者の幸せのために

　前項では、子ども家庭支援として子どもの成長・発達の保障などを優先的に考え、実践する保育士の在り方について述べました。保育士の子どもへの関わりが、保護者の子育てへの支えになります。

　では、次に保護者についてです。子どもの最善の利益のための保育を行うには、保護者の幸せや、家庭の安定が欠かせません。そのため子ども家庭支援においては保護者に対する支援もたいへん重要な意味をもっています。本項では、とくに保護者に対する視点から子ども家庭支援の意義を考えていきます。

①ワーク・ライフ・バランスの実現

　ワーク・ライフ・バランス[1]とは、「仕事と生活の調和」という意味です。どのようなライフステージにおいても、男女ともに、仕事や家庭、地域において、自分で選択したことをバランスよく生活をできる状態を指します。しかしながら現在の我が国においては、それが実現されているとはいいがたい実態があります。誰もがやりがいを感じながら仕事をし、子どもを育て、親の介護を行いつつ充実した生活を過ごすために、家庭や地域社会において、人生の各段階に応じて多様な生き方を選択できる社会の在り方が望まれています。そのために、国は「仕事と生活の調和（ワーク・ライフ・バランス）憲章」（表①）[2]及び「仕事と生活の調和推進のための行動指針」[3]を策定し、必要な環境整備や支援に取り組んでいます。

【表①】仕事と生活の調和（ワーク・ライフ・バランス）憲章（前文）

我が国の社会は、人々の働き方に関する意識や環境が社会経済構造の変化に必ずしも適応しきれず、仕事と生活が両立しにくい現実に直面している。 　誰もがやりがいや充実感を感じながら働き、仕事上の責任を果たす一方で、子育て・介護の時間や、家庭、地域、自己啓発等にかかる個人の時間を持てる健康で豊かな生活ができるよう、今こそ、社会全体で仕事と生活の双方の調和の実現を希求していかなければならない。 　仕事と生活の調和と経済成長は車の両輪であり、若者が経済的に自立し、性や年齢などに関わらず誰もが意欲と能力を発揮して労働市場に参加することは、我が国の活力と成長力を高め、ひいては、少子化の流れを変え、持続可能な社会の実現にも資することとなる。 　そのような社会の実現に向けて、国民一人ひとりが積極的に取り組めるよう、ここに、仕事と生活の調和の必要性、目指すべき社会の姿を示し、新たな決意の下、官民一体となって取り組んでいくため、政労使の合意により本憲章を策定する。

【出典】内閣府『「仕事と生活の調和」推進サイト　ワーク・ライフ・バランスの実現に向けて』
　　　　http://wwwa.cao.go.jp/wlb/government/20barrier_html/20html/charter.html

---

[1]　国民一人ひとりがやりがいや充実感を感じながら働き、仕事上の責任を果たすとともに、家庭や地域生活などにおいても、子育て期、中高年期といった人生の各段階に応じて多様な生き方が選択・実現できる社会のこと。
　　【出典】内閣府『「仕事と生活の調和」推進サイト』http://wwwa.cao.go.jp/wlb/towa/definition.html
[2]　内閣府「仕事と生活の調和（ワーク・ライフ・バランス）憲章」『「仕事と生活の調和」推進サイト　ワーク・ライフ・バランスの実現に向けて』http://wwwa.cao.go.jp/wlb/government/20barrier_html/20html/charter.html
[3]　内閣府「仕事と生活の調和推進のための行動指針」『「仕事と生活の調和」推進サイト　ワーク・ライフ・バランスの実現に向けて』http://wwwa.cao.go.jp/wlb/government/20barrier_html/20html/indicator.html

　子どもがいる女性が仕事をもつことは、その家庭への経済的安定をもたらします。また、希望している個人の自己実現を叶えることにもつながります。さらに、仕事をすることにより、地域社会の維持・発展や、日本経済の安定、納税による行政基盤の支えなど、多様なメリットが挙げられます。

　近年は、仕事をもつ女性が増え、共働き世帯が増えてきています（p.16）。夫婦間における役割分担をその夫婦ごとに整理し、生活と仕事のバランスをとろうとしています。また、男性のなかにも、今よりもっと子育てに参加し、仕事と生活のバランスをとりたいと考える人が増えてきています。

　しかし、このような動きをいくら強く保護者が求めても、企業など雇用者側にその意思やシステム、また職場での共通理解がないと成り立ちません。ワーク・ライフ・バランスの逆に意味をもつ「ワーク・ライフ・コンフリクト」（仕事と生活の衝突）[4]という概念があります。これは、「仕事上の役割と個人生活や家庭生活や地域における役割が両立できず、両者が対立する状況」[5]です。こうしたワーク・ライフ・コンフリクトに直面している人は、不全感から仕事に集中して取り組むことが難しいことが多くあります。したがって、ワーク・ライフ・バランスの実現には、雇用される側のワーク・ライフ・コンフリクトを解消する必要があり、最終的には生産性や創造性の向上にもつながるというメリットがあるのです。

　たとえば、夫婦間で時間配分や役割分担などを相談しながら、仮に子どものお迎えの時間が遅くなっても食事内容や調理方法を工夫して、家庭的な雰囲気でしっかりとした食事の環境を用意するようにします。そこへの具体的な助言などは保育士も入りながらすすめるとよいでしょう。

　ここまで見てきたように、保護者がワーク・ライフ・バランスを実現するためにはまだ様々な障壁があります。とりわけ子育てに関する保護者の負担感を取り除き、子どもと保護者が共に円満に生活できるよう、子ども家庭支援に取り組むことが保育士に求められているのです。

> 🔖 ミニワーク②
>
> ▶「想像してみよう」
> 　あなたが将来家族をもったときの自分の状況について想像してみましょう。
> ❶「共働き家族」「専業主婦」について思いつくメリット、デメリットを挙げてみましょう。
> ❷ ❶で挙げたことがらについて、家族（子ども）の年代に応じてどう変化するか考えてみましょう。
> 　（子どもを「幼児」「小学生」「中学生」「高校生」「大学生等」の場合とします）

★4　ワーク・ライフ・コンフリクトは、多すぎる役割を負うこと（role overload）、家庭に仕事を持ち込むこと（work to family interference）、仕事に家庭を持ち込むこと（family to work interference）の3側面からなるものである。【出典】内閣府『平成17年度 少子化社会対策に関する先進的取組事例研究報告書（HTML版）』https://www8.cao.go.jp/shoushi/shoushika/research/cyousa17/sensin/index.html
★5　原 ひろみ、佐藤博樹「労働時間の現実と希望のギャップからみたワーク・ライフ・コンフリクト　－ワーク・ライフ・バランスを実現するために」『家計経済研究No.79』2008年、pp.72-79

②子育てへの手ごたえを支える

　保護者がみな自らの子育てに自信をもって取り組んでいるわけではなく、また自信があってもそれが親の立場だったり偏った考え方に立っていたりしては子どもの健やかな成長・発達にはつながりません。正しい理解に基づくなかで保護者が子育てへの手ごたえを実感することが大切で、それが保護者（親）としての自信につながり成長を促します。そのためには、保護者が具体的に以下の三つを理解して子育てに取り組むことができるよう支援を行う必要があります。

▶保護者が子どもと情緒的なやりとりが感じられること

▶子どもの視点から物事を捉えられるようになること

▶保護者中心ではなく、子ども中心の生活を考え、実行できること

　これらは、最初から保護者自身が身につけられているわけではありませんし、また保育士の指導・助言を受けても一朝一夕でできるものではありません。子どもは成長・発達をしていきますので、その変化に応じて上記の三つの考え方を検討しなければなりません。しかし、子どもへの関わりなどがうまくいかず同じことが何度も繰り返されるときには、「社会人の私」「保護者としての私」を否定的に捉え、自信を失う保護者は少なくありません。

　そこで、保育士の出番です。保護者を支えるため保育士は、やりとりにおいて保護者が「完璧な子育て」をねらわないよう促したり、継続的に子育てに取り組む大切さを伝えたりします。そして、その取り組みや努力をねぎらったりする必要があります。また、保護者にはその保護者なりに子育てへの「思い」があります。その思いを実現するために、その家庭に沿った「オーダーメイドな子育て」を提案するとよいでしょう。

　保護者の思いを受け止め、理解する姿勢で接し、保護者の自己肯定感を育む支援を行うことが大切です。

(3) 地域社会や文化の維持・発展のために

　大きな考え方として、(2)で子どもをもつ母親が地域社会で仕事をもつことにより、地域社会の維持・発展等に寄与することを述べました。現在の日本では、少子化、核家族化が進み、また地域コミュニティ（町内会等）のつながりも希薄になっている状況があります。ここでは、とくに家庭と地域社会をつなげることによる子ども家庭支援の意義について考えていきます。

①地域と保護者をつなげる

　園では、夏祭りや親子遊びなど、地域の保護者と子どもが園に集うイベントを行っている場合がよくあります。そこでは、親子の居場所としての機能もあり、保育士や参加者、ときには他の在園児と一緒に遊ぶ機会にもなります。

　また、逆に園の子ども達が地域に出かけていき、接点が生まれることもあります。たと

えば、お店屋さんごっこをするに当たって、実際にどのようなお店屋さんがあるのかを近くの商店街に見学に行くこともあります。見学したことをみんなで振り返ってみんなで相談し、また疑問が出てきたら再度見学に行きます。

　このようなやりとりを通して、園や子ども、保護者、地域の人などのつながりができていきます。「子どもを地域で育てていく」ということを具体的に考えれば、このような取り組みは欠かせません。

　核家族化が進み、子ども達は様々な年齢の人と関わる機会が乏しくなってきています。園と家庭の行き帰りのみの場合、「お店の人」「高齢者」などとの接点は少なく、人間の多様性に触れる機会がなくなってしまいます。そのためにも、多様な人との「出会い」を積極的に設けることで子どもや保護者の生活圏が広がり、生活に潤いがもたらされるはずです。

②専門機関とつなげる

　地域の子育て支援センターには、遊ぶ場や遊びを提供している他に、絵本の読み聞かせやリズム遊び、簡単な製作活動、食育体験などのプログラムが用意されています。保護者のなかにはその知識がなかったり、知ってはいても参加することに踏み切れなかったりすることがあります。保育士は、保護者の状況を理解し、適切にこれらの施設について保護者に助言を行っています。

　たとえば例に挙げた子ども家庭支援センターでは、様々なプログラムに取り組むことを通して、子どもに対する理解を深めたり、関わり方が広がったり、育児に対する孤独感を回避したりすることを目的に運営されています。さらに、子育て支援センターでは地域の人と知り合ったり、その接点を通して生き生きと子育てができたりするようプログラムが考えられています。

　また、場合によってはこれらのプログラムをきっかけとして自主サークルができたり、互いの悩みや育児に関する愚痴などを気軽に話したり、子どもを預け合ったりするなど、保護者同士がつながって関係が深まることもあります。そのような動きにも気を配り、それぞれのつながりを支えるのがセンター職員であり、保育士でもあります。

　このように、子どもが心身ともに健康に育つ環境を地域で保障することで、子どもと子育て家庭を社会全体で支える構図ができます。地域における子育て支援センターなどがもつ役割はさらに重要になってきており、子育て支援の資質の向上を図り、関係機関や人の連携をもとに、さらに充実を目指していく必要があります。

③地域における保育士の動き

　地域における子育て支援を考えるとき、保育士には人と人を結びつける「コーディネーター」としての役割が求められます。たとえば、園庭開放の際には、普段から気軽に訪れられる場所を意識し、保護者同士や子ども同士に入ることが苦手な保護者がいた場合などには、受容的・共感的態度で受け入れるよう努めます。そうすることで、園を利用した保護者に安心感や信頼感を抱き、一息つける場所となります。地域における園にはこのよう

な機能もあります。

　また、近年では心身に課題を抱えながら子育てをしている保護者が増加してきています。そのような保護者には、園が中心となって児童相談所等の関係機関への紹介や情報の提供などが行えます。また、子育て支援センターを利用し、かつ保育園に来ているケースであれば、子育て支援センターと情報（心身の状態やそれへの助言内容など）を交換しながら子育て支援を進め、保護者の適切な生活を支えるサポートができます。

第4章
子どもの育ちの喜びの共有

> ねらい ・保育所の特性や保育士の専門性を生かした子育て支援がわかる。
> ・保護者との相互理解や保護者の保育参加の意義について考える。

1　保護者と子どもの育ちの喜びを共有する意義

(1) 子どもの最善の利益の考慮

　子どもの福祉を規定している児童福祉法では、以下のように子どもの最善の利益について条文で明記されています。

第1条　すべて児童は、児童の権利に関する条約の精神にのっとり、適切に養育されること、その生活を保障されること、愛され、保護されること、その心身の健やかな成長及び発達並びにその自立が図られることその他の福祉を等しく保護される権利を有する。
第2条　すべての国民は、児童が良好な環境において生まれ、かつ、社会のあらゆる分野において、児童の年齢および発達の程度に応じて、その意見が尊重され、その最善の利益が優先して考慮され、心身ともに健やかに育成されるように努めなければならない。

【出典】児童福祉法　第1章総則より、筆者下線

　上記の児童福祉法の条文には、「児童の権利に関する条約」という国際条約に則り、「子どもの最善の利益が優先して考慮」されることが示されています。第1章でも取り上げられていますが、「子どもの最善の利益」を理解した上で、子育て支援を行っていく必要があります。

　保育所保育指針第1章保育所の基本原則（2）目標では、「保育所の保育は、子どもが現在を最もよく生き、望ましい未来をつくり出す力の基礎を培う」ことが保育の目標とされています。また、幼保連携型認定こども園教育・保育要領第1章2、教育及び保育の目標において「義務教育及びその後の教育の基礎を培うとともに、子どもの最善の利益を考慮しつつ、その生活を保障し、保護者と共に園児を心身ともに健やかに育成するものとする」とされています。

　さらに、保育所保育指針第4章子育て支援では、「全ての子どもの健やかな育ちを実現することができるよう」にすることが明示されています。このように、まずは子どもの最善の利益が優先され、その上で子育て支援があることが前提となります。

（2）保護者にとっての子育ての喜び

　前項では、子どもの最善の利益を尊重することが一番重要であることを述べました。保育所保育指針第４章子育て支援には「子どもの成長の喜びを共有する」と示され、同様に、幼保連携型認定こども園教育・保育要領第１章３の特に配慮すべき事項として、「保護者に対する子育ての支援に当たっては（略）教育及び保育の基本及び目標を踏まえ」とあり、そこには「保護者と共に園児を心身ともに健やかに育成する」ことが明示されています。

　このことは、保育士の役割として子どもの育ちの姿や様子を保護者と一緒に分かち合い、育ちという共通の目標に向けて共に喜び合うことの必要性を意味しています。

　それでは、保護者にとっての子育ての喜びとはどのようなことでしょうか。おそらく子どもが心身ともに健康であり、日々、生き生きとした様子で成長していく姿が保護者にとっての喜びではないでしょうか。

　一方、初めて子育てをする保護者や、子どもの発達や様々な生活上の課題を抱えた保護者はもちろんのこと、それ以外にも子育てに対する様々な不安や悩みなどは、どの保護者にもあると考えられます。したがって、子どもの最善の利益が前提にあると述べてきましたが、子どもの最善の利益を保障するためには、子どもを育てる保護者の置かれた状況が関連することを理解する必要があります。子どもの想いと保護者の置かれた状況は、密接に関係しますが、子どもと保護者の想いには違いのある場合があることも理解しておく必要があるでしょう。

　第２章の「全国保育士会倫理綱領」（p.34）には、保育士の専門職者としての責務が明記されています。保育士は、子どもの最善の利益を第一に考え、保護者との協力の下で子育てを支えていきます。しかし、この「子どものために」という思いと、「保護者のために」という思いの間で葛藤が生じることもあるでしょう。常に子どもの最善の利益とは何かを説明できることが求められると考えます。

　たとえば、以下のような事例で考えてみましょう。

📄 事例①

　　５歳児の子どもと母親は２人で生活をしている。母親は仕事が忙しく、子どもが早く就寝してくれないと母親は、次の日の仕事の準備ができない。保育園からの帰宅後は、食事とお風呂を子どもは一人で済ませる。母親は「早く寝なさい」と子どもに言う。子どもは、そのような母親の表情や様子を察し、園であったことや話したいといった気持ちを抑えて、すぐに布団のなかに入り就寝した。

✎ ミニワーク①

▶「考えてみよう」
　　この事例における、母親の喜びと子どもにとっての最善の利益を考えてみましょう。
【考え方のヒント】
・母親：「早く寝なさい」の言葉の背景にどのような想いがあったのでしょう。
・子ども：子どもは、どのように母親と過ごしたかったと考えますか。

　事例①の状況について考えると、保護者である母親は、子どもが早く就寝し、仕事に取り組みたい想いが優先されていると考えられます。一方、子どもは母親と一緒に会話を楽しみながら食事をとったりお風呂に入ったりして満たされたい気持ちがあったかもしれません。このように、保護者の置かれた状況と子どもにとっての最善の利益には、隔たりが生じることもあります。また、保護者が考える"良い子"や"子ども像"の概念と、子どもの願いや想いの方向性は、異なることもあるでしょう。ここで重視すべきことは、保護者の利益が最優先され、子どもの利益が軽視されている状況が優先されていないかを考えていくことではないでしょうか。

　上記のような場合には、保護者個人に直接的に働きかけても難しい場合があります。そこで、保育士は保護者のもっている力を生かしながら、いかに子どもの利益が最優先されるかという対応を考慮することになるでしょう。この事例に対する保育士の保護者への対応は、「子どもの話を聞いてあげることが大事ですよ」という直接的な働きかけだけではなく、子どもの話から子どもの成長が感じ取れること、またそれを親子で共有することで、子どもの心を満たすことがあることを保護者が気づくような間接的な働きかけが求められるのではないでしょうか。したがって、保護者に対する子育て支援は、保護者個人への支援ではなく、保護者への子育てを支援することを通して子どもの育ちを支えることであるとされています[1]。

　同様に、上記の考えは日々の保育実践においても置き換えることができるでしょう。保護者への子育て支援の前提に、日々の保育において、保育士の都合が優先され、子どもの想いや子どもの最善の利益が軽視されていないか、保育士自身がこのことを振り返る必要があるでしょう。

2　保育所特有の子育て支援

(1)　保育所の特性を生かした子育て支援

　前項では、子どもの最善の利益の重要性と保護者に対し、子育てを支援することの意味合い、保育所の子育ての支援は、子どもの育ちを保護者と共有することが求められていることを述べてきました。その際、保育所にはその特性を生かした特有の子育て支援が求められていますが、「特性を生かした」とはどのようなことでしょうか。このことについて保育所保育指針の記述を整理したいと思います。

　保育所保育の基本原則として、保護者への子育て支援があります。保育所保育指針では、以下のように明記されています。

★1　長島和代・石丸るみ・前原寛・鈴木彬子・山内陽子『日常の保育を基盤とした子育て支援―子どもの最善の利益を護るために―』萌文書林、2018年、萌文書林、pp.19-20

第1章　総則　1保育所保育に関する基本原理

（2）保育の目標

　イ　保育所は、入所する子どもの保護者に対し、<u>その意向を受け止め、子どもと保護者の安定した関係に配慮し、保育所の特性や保育士等の専門性を生かして</u>、その援助に当たらなければならない。

【出典】厚生労働省『保育所保育指針解説』フレーベル館、2018年、p.20より、下線筆者

第4章　子育て支援　1保育所の特性を生かした子育て支援

（1）保育所の特性を生かした子育て支援

　ア　保護者に対する子育て支援を行う際には、各地域や家庭の実態等を踏まえるとともに、保護者の気持ちを受け止め、相互の信頼関係を基本に、保護者の自己決定を尊重すること。

【出典】厚生労働省『保育所保育指針解説』フレーベル館、2018年、p.329

　保育所では、保育士等の専門性を生かすことが保育の目標とされ、保護者の想いを受け止め、信頼関係を起点として子育て支援を行うこと、そして、保護者の自らの意思決定を支援することが明示されています。

　子育て支援というと保護者のために何らかの「援助をしなければならない」と考えがちです。しかし、問題点だけに目を向けるのではなく、保護者のもつストレングス（個別的な状況を自ら解決する能力や強み）にも着目し、<u>保護者が主体的に問題解決していくといった視点が重要です</u>。

　保育所では、保護者と一緒に連携していく場面や方法がたくさんあります。たとえば、子どもの登降園時にかわす会話での情報交換や、おたより帳などによる保育士の視点からの子どもの姿を捉えた記述、保護者からの家庭での子どもの様子の伝達があります。またクラスだよりなどによる保育のねらいや内容の紹介、子どもの成長過程の説明、それを基にした保護者懇談会なども一つの方法でしょう。

　これらをきっかけとして、保護者が自ら保育士に相談・助言を求めるようになったり、保育士も、それに応えることで保護者が抱える悩みや問題を解決したりする力を習得する機会を得ることになります。様々な場面や方法を想定しながら、保護者が保育所や保育士と連携していきたいと思えるような働きかけを行うことが支援の基本となるでしょう。

　また、保育所では、保育士だけではなく、看護師、栄養士、調理員、嘱託医など多様な専門性をもつ専門家が子育て支援の援助を行っています。このような<u>専門職が協力することで、個々の子どもや保護者に適した子育ての在り方を提供できる</u>でしょう。

◆ ミニワーク②

▶ 「話し合ってみよう」

　保育所では、送迎時の会話、園だより等以外にも、保育所特有の子育て支援が行われています。具体的にどのような取り組みがあるでしょうか。実習やボランティア経験等も踏まえ、イメージしながら、話し合ってみましょう。

(2) 保護者自らの子育て力の向上

　保育所での保育士の保育実践への取り組みは、子どもに対する直接的な援助だけではなく、その内容を保護者に伝えることで、共に子どもの育ちを理解することにつながります。子どもの喜びを保護者と保育士で共有することが子育て支援において重要ですが、そのためには保護者の子育て力の向上について考えていく必要があります。

　保育所保育指針第4章子育て支援2では、保育の活動に保護者が積極的に参加することで、保護者の子育てを自ら実践する力が向上することの重要性が示されています。それでは、保育所で具体的にどのような取り組みが行われているのでしょうか。

　たとえば、体験保育といった保護者が保育に参加する取り組みを行っている保育所があります。実際の集団のなかで、他の子どもの姿にも触れ、我が子の姿を客観的な側面から理解できる機会となります。また、保育士が子どもに関わる様子を見て、接し方への気づきを得る機会となります。このような取り組みも保育所の特性を生かした子育て支援といえます。

　また、詳しくは第12章で述べられていますが、実際に保育に参加できなくとも、連絡帳や園だより、ドキュメンテーションといった方法は多くの保育所で取り入れられています。保護者と保育士との日頃のやりとりを通して、保育の意図や保育所の取り組みについて理解を深め、また自ら子どもの家庭での様子を保育士に丁寧に伝えることで、子どもについて保護者と共に考え対話を重ねることができます。

　このように保育所での日々の保育実践は、子どもに対する直接的な援助だけではなく、その内容を間接的に保護者に伝えることで、共に子どもの育ちを理解することにつながります。

　このように保育所は、日々子どもが通う施設であることから、継続的に子どもの発達の援助及び保護者に対する子育て支援を行うことが可能な施設です。このことからも、保育士は子どもの最善の利益を守るために、様々な方法を用いて保護者や家庭との関係を調整する機会をもち、保護者へ保育の参加を支援していきます。したがって、日々の保護者との関係性のなかで、保護者の置かれている状況や、それに応じた子どもへの影響や状況の変化をつぶさに読み取っていくことも専門性の一つとして求められるでしょう。

(3) 保育士の専門性を生かした子育て支援

　前項では、保育所の特性を生かした子育て支援について述べ、保育士の専門性についても触れました。保育の目標には、保育士等の専門性を生かすことが必要であることが示されています。ここでは、保育士の専門性を生かした子育て支援とは何かについて考えていきたいと思います。

　以下は、「保育士の専門性とは、どのようなことだと思いますか」というインタビューに対する保育士の声です。保育士の専門性についての考えが述べられています。

📑 **事例②**

> 保育士は、自身の保育士としての専門性を以下のように捉えていました。
> 『家庭での生活も含めた子ども理解と集団の中で個を理解する力量、子どもと共に生活する中で保育者同士での包括的な援助を展開できることだと考えます。
> そして集団生活の中で個々の理解を行う中で、自身の保育の在り方を見つめなおし、他者との対話で言語化する中で、子どもの背景にある家庭生活も含めた子ども理解と援助が専門性であると考えています。』
>
> 　　　　【出典】齊藤勇紀・守巧『保育者が捉える保育の専門性に関する研究―フォーカス・グループ・インタビューからの検討―』新潟青陵学会誌、2020年、pp.14-26

　インタビューに答えた保育士は、事例②の『　』に示すように保育士の専門性を捉えていますが、保育士の専門性はさらに多岐に渡ります。第 2 章でも示したように、保育士は、倫理的に裏付けられた専門的知識、技術及び判断をもって、子どもを保育するとともに、子どもの保護者に対する保育に関する指導を行うこととされています。

　このように、保育士は、乳幼児の集団教育の場である保育所の役割を理解した上で、倫理的な判断により、子どもの保育をするとともに、知識と技術を修得し、これを根底としながら子育て支援も業務として行っていくこととなります。

　エピソードに示した保育士の捉えた専門性は、家庭での生活も含めた子ども理解と集団のなかで個を理解する力量、子どもと共に生活するなかで保育士同士での包括的な援助を展開できることであると述べられています。子どもと共に生活し、保育士同士でその生活の在り様を問うといった視点による省察を重視する営みから、最善の対応を実践することにつなげているのでしょう。

　子どもと家庭が一体であるということは、子どもの保育はそのまま家族の支援と重なると言われています。保育士は、家族の生活における子育ての位置づけが安定すること、子どもの発達そのものが家族の支援となることを理解した上で実践と省察を繰り返すことが求められるといえます[★2]。

　児童福祉法で、保育士とは「専門的知識及び技術をもって、児童の保育及び児童の保護者に対する保育に関する指導を行うことを業とする者」と明示されています。保護者に対する指導というと保護者からの相談に応じて助言をし、その困り感を無くすことだと捉えがちです。しかし、これまで述べたように、安定した親子関係を築くことと保護者の養育力向上を目指すことであり、これらは保育の専門的な知識及び技術を背景としながら行うものであることを確認しておく必要があります。

★2　大場幸雄『保育者論』萌文書林、2012年、p.83

(4) 保育所の特性と保育士の専門性を生かした知識及び技術

　それでは、保育士が行う子育て支援のためには、どのような専門的な知識及び技術を身につけるべきでしょうか。

　保育所保育指針解説では、保育所保育士に求められる主要な知識及び技術として以下に示す6つの知識及び技術が述べられています。

---

❶これからの社会に求められる資質を踏まえながら、乳幼児期の子どもの発達に関する専門的知識を基に子どもの育ちを見通し、一人一人の子どもの発達を援助する知識及び技術

❷子どもの発達過程や意欲を踏まえ、子ども自らが生活していく力を細やかに助ける生活援助の知識及び技術

❸保育所内外の空間や様々な設備、遊具、素材等の物的環境、自然環境や人的環境を生かし、保育の環境を構成していく知識及び技術

❹子どもの経験や興味や関心に応じて、様々な遊びを豊かに展開していくための知識及び技術

❺子ども同士の関わりや子どもと保護者の関わりなどを見守り、その気持ちに寄り添いながら適宜必要な援助をしていく関係構築の知識及び技術

❻保護者等への相談、助言に関する知識及び技術

【出典】厚生労働省『保育所保育指針解説』フレーベル館、2018年、p.17

　保護者支援というと❻だけが保護者支援・子育て支援に必要な知識及び技術と理解してしまいがちですが、子どもの発達を理解し、その時期にふさわしい関わりを保護者に伝え、保護者の不安を解くためには❶や❷の技術が必要になります。また、子どもの成長を促したり、個々の子どもの姿を肯定的に捉え、今、興味や関心のあることを保護者と共有したりするためには❸や❹の技術が必要になります。さらに、個々の子どもが成長する過程を保護者に伝え、子どもと保護者を取り巻く環境をよりよいものにするためには❺の力も欠かせません。

　このように保育士は、これら6つの知識及び技術をすべて活用して、保護者を支援し、保護者の子育てを支援しているのです。このことが「保育所の特性、保育士の専門性を生かした子育て支援」といえます。

3　保護者との相互理解

(1) 保育所保育指針における全体的な計画と子育て支援

　保育所の特性と保育士の専門性を生かした子育て支援について述べてきました。一方、第1章でも述べられているように、子どもが育つ環境は、地域、保護者の生活の場や人間関係、地域社会の状況やその地域の価値観などによっても異なります。都市部と過疎化が進む地域では、保育の目標は同じでも行われる保育活動の内容は異なりますし、保護者への子育ての支援の在り方や特徴も異なると考えられます。

　つまり、子どもと保護者が抱える課題や内容、課題を解決するための条件などが、一つひとつの地域・保育所、対象者個人が置かれている状況等も大きく異なっていることから、子育て支援を含む教育や保育を組織的・計画的に行うための基本的な計画が全体的な計画として園で集約されています★3。

　全体的な計画とは、子どもの発達過程を踏まえながら、子どもが保育所に在所している期間、保育所での生活全体を通して保育内容が総合的に展開されるように作成された計画です。言い換えれば、保育所でどんな子どもを育てていくのか、子どもが育っていくおおまかな道筋を表したものだといえます。

　この全体的な計画を作成するためには、子どもや家庭の状況、地域の実態、保育時間などを考慮し、保育所の目標に基づき、子どもの育ちに関する長期的見通しをもって適切に作成することが大切です。

　このように、全体的な計画は子どもの育ちに大きく関わりのあるものだということがわかると思います。同時に、保育所を利用する保護者への子育て支援、地域の保護者への子育て支援においても、この全体的な計画が子育て支援と密接な関わりをもって行われることになります。

> **ミニワーク③**
>
> ▶「調べてみよう」
> 　保育所の全体的な計画とはどのような形式でしょう。また、全体的な計画に明記されている子育て支援に関わる記述を探してみましょう。
> 【調べ方のヒント】
> ・「保育所」「全体的な計画」「子育て支援」など関連するキーワードからインターネットで検索してみましょう。

★3　保育所保育指針、幼稚園教育要領、幼保連携型認定こども園教育・保育要領のいずれにおいても「全体的な計画」という共通した文言が存在します。幼稚園における子育て支援は教育課程に係る教育時間終了後に行われる活動であり、幼稚園教育要領第3章 教育課程に係る教育時間の終了後等に行う教育活動などの留意事項において、計画を立てることの重要性や、子育て支援の必要性が明示されています。

(2) 園の計画に基づく保護者との共有

　子育て支援も園の全体的な計画に基づいて、意識的に取り組むことの必要性を述べてきました。やはり各園で意図的な計画を作成する必要があることに気づきます。

　保育所保育指針では、すべての子どもが、入所している間、安定した生活を送り、充実した活動ができるように柔軟で発展的なものとして一貫性のあるものとなるように配慮することと明記されています。この部分だけではやや不明確ですが、保育所保育指針解説では、すべての入所時の保育時間が対象になるだけではなく、入所時の保護者への支援、地域の子育て支援も全体的な計画に関連して行われ、計画の作成が求められています。したがって、子育て支援も園の全体的な計画と各種の指導計画に基づいて展開され、保護者と共有し、子どもの最善の利益に向けた関わりの在り方を考えていくこととなります。

　表①には、ある園の全体的な計画に示された保育士が共有すべき事項が示されています。園児の保護者に対する子育て支援には、たとえば、表内の①に「園児の豊かな生活を保障するために家庭との連携を密に図ります。」と明記されています。これらの事項を各保育士が理解し、たとえば5歳児であれば、就学後の生活も見通し、一日の生活のリズムを形成していく観点から、徐々に午睡のない生活に慣れていくことを保護者と共有します。また延長保育などを必要とする子どもの保護者には、子どもの生活リズムを視野に入れながら、一日の食事の時間や量・内容などについて、保護者と情報を交換することを行っていくでしょう。

　他にも表①からは、保護者が子どもの成長に気づき子育ての喜びを感じられるように保育士は務めることや、その方法として、家庭訪問、園だより、クラスだよりなどで保護者と子どもの育ちを共有していることがわかります。

　子育て支援は、その他にも、預かり保育、一時保育など、計画の作成が求められています。そして、保育士が子どもだけでなく保護者への関わりも役割のなかに取り入れて実践しようとする視点も盛り込まれています。

【表①】 A園の全体的な計画に明示された保護者に対する子育て支援の項目

> **●園児の保護者に対する子育て支援**
> ①園児の豊かな生活を保障するために家庭との連携を密に図ります。
> ②保育者の専門性や園の特性を生かし、保護者が子どもの成長に気づき子育ての喜びを感じられるように努めます。
> ③家庭訪問・児童票等による状況把握、入園の案内・園だより・クラスだより等により教育・保育内容について情報提供し、保護者と子どもの育ちを共有します。
> ④子育て仲間として保護者同士のつながりを大切にし、みんなで育ち合う環境を作ります。
> ⑤保護者の就労と子育ての両立等を支援するため、保護者の状況に応じた必要な保育を実施します。その際、子どもの育ちに対する最善の利益を考慮します。
> ⑥地域の関係機関や専門機関の役割や働きをよく理解し、必要に応じて、保護者と相談を行い、適切な関係機関や専門機関を紹介し共に支援を行います。
> ⑦園児と保護者の方の利益を最優先に考慮し、相談内容等については、プライバシーを考慮し、知りえた事柄の秘密は保持します。

4　保育を通した子どもの育ちの喜びの共有

（1）保育所における子育て支援の形態

　保育の場における子育て支援は様々な場面で見られること、地域の実情により園の全体的な計画に応じた支援が行われていることを述べてきました。保育所では、利用する子どもの保護者への支援場面として、登降園の送迎、連絡帳や園・クラスだより、各種行事、家庭訪問、個別面談や保護者懇談会などがあるでしょう。園が行う子育て支援の機能としては、❶情報発信型支援、❷行事型支援、❸相談援助型支援、❹居場所・交流型支援の4つに分けられるとされています★4。

　子育て支援は、単独で行われるものではなく、個々の保護者に応じて様々な支援を組み合わせながら行っていくこととなります。たとえば、❶情報発信型支援である連絡帳やおたよりなどは、すべての子どもの保護者に行われます。毎日の保育のなかでは、登降園時を除くと、連絡帳やおたよりで保護者とのコミュニケーションを図る場合が多いでしょう。また、写真を用いたドキュメンテーションを利用して伝えることも有効です。

　❷行事型支援については、園では様々な行事が行われています。運動会や発表会といった行事だけでなく、地域と一緒に参画する行事などもあります。園行事を通しての意図的な場の設定は、保育のねらいに基づく子どもの生活の姿を保護者に伝えるだけではありません。子どもと保育士、保護者と保育士の日常的な様々な関わりの積み重ねにより子どもの姿を共有する場にもなります。また、保護者同士の関係づくりの場や子どもの生活を保護者が体験し、子どもと保護者自身を理解することにもつながります。

　また、心配や不安を抱えている保護者や特別な配慮が必要な子どもを養育する保護者には、❸相談援助型支援である個別面談等を組み入れながら保護者と情報を共有することになるでしょう。保育士が連絡帳により発信しても、保護者が連絡帳をまったく書いてくれないという悩みを聞くことがあります。一方通行の情報発信は、保育士の家庭との連携の意欲を低下させたり、自分の保育に自信を失いそうになったりするかもしれません。

　実は、こうした保護者の行動には、その家庭への支援のヒントが隠れていることが多くあります。このようなときには、なぜ返信がないのかを複数の職員で検討してみるとよいでしょう。たとえば、その事実から保護者の多忙さ、家族内での子育てへの協力のなさ、子どもへの関心の薄さなど、子育てにおけるニーズが見えてくるものです。そのような場合、登降園時に話をうかがう他、必要に応じて個別面談や個人懇談、保育相談等、園によってその取り組みは様々でしょう。このような個別の話し合いをすることは、養育に対する原動力を生み出すこともあります。この知識・技術については本章の2章（p.26）、6章（pp.77-78）で扱っています。

★4　那須信樹『幼稚園における日常的な保育実践化による「子育て支援」の実際—在園保護者との日常的な連携を中心に』保育の実践と研究18（4）、2014年、p.18

　さらに、❹居場所・交流型支援は、保育所における保護者の保育参加としてとても重要な機会となるでしょう。園によっては、保護者の一日保育アシスタント、クラス懇談会、カフェなどの共有スペースなどを園に併設する取り組みなども行われています。

　このように保護者の保育への参加の形態は多様です。保護者が保育に参加できる多種多様な形態を提供することは、保護者自身が自らのよさを認識したり、子育てに対する自信をもったりすることにもつながるでしょう。このような保護者の保育への参加を通して子どもの育ちを支え、子どもの育ちの喜びを共有することにもつなげていくのです。

(2) 育ちの喜びを共有するための保育士の取り組み

　保育所では、入所児への子育て支援として様々な場面や方法で意図的な支援が行われています。では、保育士が保護者を支援する様々な方法は、どのように行われているのでしょうか。保護者への子育て支援は、園長や主任保育士といった経験を積んだ保育士だけでなく、若い保育士にとっても日常的に行われている重要な業務です。ここでは、保育のなかで保育士が保護者に行う具体的な関わりについてみていきます。

　まず、登降園時の際の関わりです。保護者の就業形態や、保育士の勤務形態にもよりますが、登園や降園の機会は、保護者との関わりをもつことができる貴重な機会です。登園時は保護者も出勤前であり、保育士も多くの子どもを受け入れながらの保育であるため、時間をかけた関わりは難しいでしょう。

　降園時は、登園時に比べ、保護者自身も精神的にゆとりをもてることが多いので、一日の様子を伝えたり、家庭での様子を聞いたりするなどの関わりを通して、子どもの園での様子や学びを伝えることができます。この際、保育士自身の振る舞いや言動には配慮が必要です。勤務形態が複雑な保育所においては、保育士間の情報共有や連携により、一人ひとりの家庭に対する細やかな配慮が求められます。

　次に、おたより帳や園だより、クラスだよりによる保護者への子どもの学びの伝達です。多くの保育所で家庭との連絡は連絡帳を通して行われています。3歳未満児については毎日の様子を保護者に細かく伝えることで、家庭と保育士が子どもの姿を共有し、双方のコミュニケーションを図ることが可能となります。

　また、園だよりやクラスだよりは、ほとんどの保育所で作成されています。園だよりには、保育所全体のお知らせや行事についての連絡事項が伝達されています。クラスだよりでは、子どもの様子や担任保育士の子どもへの思い等が伝えられ、保護者にとっても重要な情報源となっています。

　最近では、保護者に保育所での子どもの様子を伝えるため、保育の記録を視覚化し、子どもの活動等を共有するといった独自の取り組みも行われています。子どもの育ちの喜びを保護者と共有する「見える化」は、保育の見直しと質の向上にも役立ちます。このような子どもの活動を可視化する方法の一つとして、ドキュメンテーションがあります。ドキュメンテーションと同様に「ポートフォリオ」といった子どもの学びの記録を蓄積する記録や「ラーニング・ストーリー」といった子どもが生活のなかで関心や興味を示したものに

関わる姿を理解していくツールなどもあります。

　我が子の成長について、保育士から文字や写真などで伝えられることで、保護者は子どもの成長を実感することができます。また、保育士が子どもの小さな変化や成長を丁寧に取り上げ続けることは、やがて、保護者自身が我が子の小さな変化や成長を見つめ、それを喜ぶことにつながるのです。保護者と連携して子育てを支えることで、子どもの育ちを保護者と共に喜び合うことが可能となり、さらには保護者が保育に関心を深めることができるでしょう。これにより、保護者の子育てする力が培われていくでしょう。

　こうした工夫も保護者や家庭への細やかな配慮であり、育ちの喜びを保護者と共に共有するための手段といえます。上記の連絡帳やおたより、ドキュメンテーションについては、保育士が子どもたちの様子を的確に捉え、保護者に何を伝えたいのかを考え作成されており、すべては子どもの最善の利益のために行われています。これらの取り組みも保育士の重要な業務であり、専門職として資質の向上が求められているのです。

　最後に、家庭訪問や個人懇談等です。そこでは、保育士が子どもの保育所での様子を伝えたり、保護者からの要望や子育てについての相談を受けたりすることとなります。このような機会は、保護者との信頼関係を構築したり、子どもへの関わり方についての情報を共有したりするための貴重な機会となっています。

　上記に挙げた連絡帳や園だより、クラスだより、個人面談の具体的な方法は12章を参照してください。

第5章
保護者及び地域が有する子育てを
自ら実践する力の向上に資する支援

ねらい ・保護者や地域のもつ子育てする力を育む支援についてわかる。
・保護者や地域を支援する保育士や行政の働きについて考える。

1 保護者が子育てを実践する力の向上に役立つ支援

　本章では、2017年（平成29）の保育所保育指針の改定で新しく示された保育所等の保護者への支援の考え方について具体的に述べていきます。保育所保育指針では、地域に開かれた保育所として子育て力の向上に貢献していくことが求められています。保護者及び地域が有する子育てを自ら実践する力を向上させるためには、どのような取り組みがよいのか考えていきましょう。

(1) 保護者とのパートナーシップ

　「保護者を支援する」というと、皆さんはどのようなイメージが浮かぶでしょうか。よく保育士や保育学生からは、「○○をしてあげる」という言葉を耳にします。ここで言う「してあげる」という意識の奥には、支援をする側が上、支援をされる側が下という意識の表れであり、自分自身ではなかなか気づくことができません。

　保育士と保護者の関係を築くためには、自分で自分を見つめて対人関係の特徴を理解することも必要でしょう。また、周囲の職場の同僚などからフィードバックをもらい、自分のふるまいを理解することが必要です。その上で、保育士として保護者と関わる際には「対等」であることに気をつけなければなりません。事例を通して考えてみます。

📄 **事例①**

　新年度から保育園に3歳児で入園したＡくんの母親が、4月のある日、降園のお迎えのときに担任保育士へ「うちの子は指しゃぶりがひどく、歯医者さんに歯並びが悪くなるかもしれないと言われて不安なのですが、園ではどんな様子ですか？」と聞いてきた。担任保育士が「園ではとくに目立ったことはないですよ」と伝えると同時に「その歯医者さんはどこの歯医者さんですか？」と母親にたずねた。母親は、通院している歯科医院の名前を告げると担任保育士は「指しゃぶりをするたびにやらないようにはっきり言うのが一番だから、明日からやってくださいね。まったく！お母さん、優しいから…」と母親に伝えた。

　その日以来、Ａくんの母親は、担任保育士に相談をしなくなり、園長先生に相談するようになった。

◆ **ミニワーク①**

▶「考えてみよう」

　事例①を読んで、❶〜❹について考えてみましょう。

❶ もしあなたがＡくんの母親なら、担任保育士に、どのような印象をもつでしょうか。

❷　❶の印象は、どういうところから感じましたか。

❸ あなたが担任保育士なら、Ａくんの母親にどのように話しかけ、どんなことを伝えるでしょうか。

　みなさんは、事例①をどのように捉えたでしょうか。この担任保育士の保護者への発言からは、根底に保育士（支援する側）と母親（支援される側）との間にコミュニケーションの対等関係は認められません（図①参照）。

【図①】事例①の母親と保育士の図解（筆者作成）

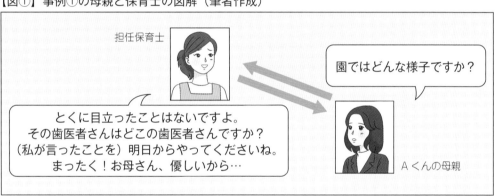

　事例①のＡくんの母親は、担任保育士に悩みを打ち明け、保育士と相談したく、園でのＡくんの様子を聞いています。母親の悩みごとからの問いかけにもかかわらず、保育士は丁寧にＡくんの園での様子を振り返ることもなく、さらには自分の価値観に偏った、専門性に基づかない説明をし、母親の責任かのような発言は、決してやってはいけないことです。先に述べた「保護者を支援する」上で前提となる「対等」という関係性ではないときに事例①のようなことが起こり得ます。

　保育士には、支援をされる側に何かを施すといった意識が浮かびがちになることもあります。しかし、保護者が子どものことや育児のことで保育士に相談をする際に、保育士としては、まずは一人ひとりの保護者を尊重しつつ、ありのままを受け止める受容的態度が求められます★1。そして、保護者と協力や連携をとりながら、一緒に解決しようとすることが支援の基本になってきます。子どものことを解決するために、保育士と保護者がチームのように協力しながら解決していくということです。

　この場合であれば、保育士はＡくんの園での普段の様子を丁寧に説明し、家庭での様子

★1　厚生労働省『保育所保育指針解説』フレーベル館、2018年、p.329

もうかがった上で、保育士、保護者ともにどこに要因があるのか考え、保育士の一方的な考えを押しつけるのではなく、保護者の気持ちに寄り添いながら、解決に向けて一緒に考えていくことが大切なのです。

📄 事例②

> 5歳児のBちゃんは、いつも家庭では夜遅くまで起きていて、布団に入っても、しばらく寝つけずにいた。ある日、Bちゃんの母親が悩んで、担任保育士に勇気をもって相談をしてきた。Bちゃんの母親は、言い出しにくそうに「うちの子は家で、夜遅くまで起きているんです」と担任保育士に伝える。すると、担任保育士は、「保育園でBちゃんはあくびをすることが多いんです。お家の方が子ども中心の生活にして、Bちゃんの睡眠のリズムを整えて早寝早起きできるようにしないと、園でもBちゃんが思いっきり活動できないですし、小学校入学後にも困ることになりますよ」ということを伝えた。Bちゃんの母親は担任保育士の話を聞き、涙を浮かべていた。

🖊 ミニワーク②

> ▶「考えてみよう」
> 　事例②を読んで、❶〜❸について考えてみましょう。
> ❶あなたは、担任保育士が伝えていることについてどのように考えますか。
> ❷Bちゃんの母親は、どのような気持ちで涙を浮かべたのでしょうか。
> ❸あなたが担任保育士であったら、どのように母親に伝えますか。

　保育士が保護者へ支援を実践するなかで、一番重要なのは、保護者に寄り添い、気持ちを受容し、共感することです。事例②の担任保育士がBちゃんの母親に伝えていることは、もしかしたら、正論かもしれません。しかし、正論を保護者に伝えるというのは、あたかも保育士が保護者よりも上の立場から物事を伝えているような印象をもたれてしまいます。ましてや、ここでは保護者の立場に立って家庭の事情をうかがったり、保護者の気持ちに共感したりすることもしていません。これでは、勇気を振り絞って相談した保護者からすると、自分の子育てを責められている印象をもってしまい、相談することがとても辛い体験になってしまいます。また、勇気を振り絞って相談しなければよかったという後悔の念を与えてしまうことになります。

　子育てをする保護者にとっては、保育士は日常的に子育てのことを支援してくれる最初の存在です。保育士からの支援の在り方が、その後の親子が小学校以降の教育機関へ相談する姿勢を決めてしまうこともあります。保育士が親としての保護者の成長にも重要な役割を担っていることを自覚することが重要です。

　では、保育士は保護者への支援において、どのような考え方で臨んでいけばよいのでしょうか。続く事例③で見てみましょう。

事例③

　3歳児のCくんは、保育園に入園してから、園生活のなかで、クラスの子が集まる際も裸足のまま園庭に出てしまったり、廊下をウロウロしたりする姿が見られた。また、トイレに行くのを嫌がって大声で泣いて、自分で頭を壁に打ちつけたりするなどの行為も見られた。担任保育士は、Cくんのことについて、職員会議でそれらの様子を報告し、園の対応方針について話し合いをした。

　その後、母親にCくんの気になっていることを正直に伝えながら、母親に「家でCくんのことで、気になることがあって、とても辛いですね。些細(ささい)なことでもよいので話していただけませんか？」と伝えた。母親は、「Cくんが小さい頃から、近所の友達と比較して、発育に問題があるのではないか気になっていて、不安で辛いです」と話してくれた。

　担任保育士は、あらかじめ園長から、母親がCくんのことで思い悩んでいた場合には児童相談所を紹介するように職員会議の際に言われていたことから、母親に「Cくんのことが気になっていて、不安で辛いですね。私も気になっていますし、お母さんと一緒に悩みを解決していきたいので、児童相談所へ一緒に相談しに行きませんか」と発育相談に行くことを勧めた。

　この園は、以前から発達障害などのお子さんの母親へ児童相談所の相談を紹介する際には、児童相談所で担任保育士が保育園での子どもの様子を説明するために、母親と一緒に初回相談時に出向くようにしていた。今回のCくんの母親も、「担任保育士が一緒に行ってくれるのは心強い」ということを言い、Cくんのことを相談することとなった。

ミニワーク③

▶「考えてみよう」
　事例③を読んで、❶❷について考えてみましょう。
❶連携がなされているところはどの部分でしょうか。
❷協働がなされているところはどの部分でしょうか。
　（連携と協働について、詳しくは第8章を参照）

　事例③のように、子育て支援を実施する場合には、保育士は「連携」と「協働」を意識した支援が必要になります。そして、保護者とのパートナーシップを築くことが支援の成功への鍵を握っています。そのパートナーシップとは、保育士と保護者のパートナーのみならず、保護者が子どもを育てる上で支援する専門家や関係機関がパートナーにもなり得ます。保育士、保護者、専門家・関係機関等の三者がそれぞれパートナーとしての関係性を築いていくのです。そのパートナーとしての関係性はあくまでも「対等」であることが重要です。パートナー同士が気持ちを共感し分かち合うことができ、支援する側が環境を整える役割を果たし、保護者と支援する側の連携と協働を目指すことがパートナーシップといわれています。

　事例③のような子育て支援は、保護者と保育士とのパートナーシップのみならず、保護者と児童相談所職員とのパートナーシップを構築することにつながり、様々な機関や援助者とのパートナーシップを築くことで、保護者が子育てを実践するのに必要な潜在的な能

力の向上に寄与する支援ができるようになります。また、保育士も児童相談所職員とその後の子どもの園での様子を共有し、より適切な支援を保護者に行うこともできます。

このように保護者に寄り添い、パートナーシップを築くためには、保育士の力量の向上が不可欠となっています。保育士がその力量を向上させ保護者に寄り添いながらパートナーシップを築き、適切な支援を実現できると、保護者が自発的かつ積極的に子どものことを考え乗り越えようとする力が引き出されてくるのです。

(2) 保護者の養育力向上につながる支援

現代の親子を取り巻く環境においては、核家族化が進み、地域社会との結びつきが薄れて孤立化が進んでいることが問題となっています。そして、我が国における社会構造の変化は、子育て世帯にとって、子育てをする際に育児不安が大きくなるような傾向を生み出しています。近年、保護者の養育力低下についてニュース等で話題になることもありますが、そもそも、保護者の養育力低下ということではなく、保護者の周囲に養育力を引き出してくれるパートナーシップを共に築ける存在が少なくなったという見方もあります。

保育所保育指針に示されるように、保護者はもともと子どもを養育する力を秘めており、保育士が保護者に寄り添い、パートナーシップを築くことで、保護者が養育力を発揮できる存在であるという考え方が根底にあることを理解しておく必要があります。そこで、本項においては、保護者の養育力の向上については、保護者のもともともっている養育力を引き出すことと捉えて説明していきます。

📄 **事例④**

　5歳児のDくんは、毎日、同じクラスの友達に乱暴な言葉を使っていた。ある日、クラスの複数の保護者からDくんの母親に対しDくんの乱暴な言葉について話題にされ、その日以来、Dくんの母親は険しい表情で送り迎えをするようになった。担任保育士はDくんの母親のことが気になり、Dくんの母親から話を聞く機会を設けた。Dくんの母親は「私の育て方が悪かったので、Dが乱暴になってしまった」と自分を責めていた。担任保育士は、「複数の保護者からDくんの乱暴な言葉を指摘されて、お母さんの子育てが否定され、責められたように感じて悔しかったのですね」と言うとDくんの母親は、大きく泣き崩れて、「複数で寄ってたかって言わなくてもいいんじゃないですか。子どもの問題に親がそこまで出てくるのが信じられない」と担任保育士に本音を打ち明けた。担任保育士は、主任保育士や園長に状況を報告し、園内の子ども同士の出来事は園の責任であることを園全体の保護者に周知をし、気になる園内の出来事は保育士に相談するように徹底することをDくんの母親に伝えた。また、担任保育士は、Dくんは乱暴な言葉を使うこともあるけれども、困っている友達に手を差し伸べたり、遊びの場面でも率先してみんなと遊んだりすることなど、園でのDくんの優しく行動力のある様子を母親に伝えた。Dくんの母親は、「気持ちが楽になったと同時に、Dを愛おしく思っています」と笑顔で相談を終えた。

　次の日からDくんの母親は笑顔で送り迎えするようになり、Dくんの園での様子も以前より、乱暴な言葉が少なくなっただけでなく、優しい側面が多く表れ、リーダーシップをとって遊ぶ姿が見られるようになった。

【図②】保育所におけるエンパワメントの構造（筆者作成）

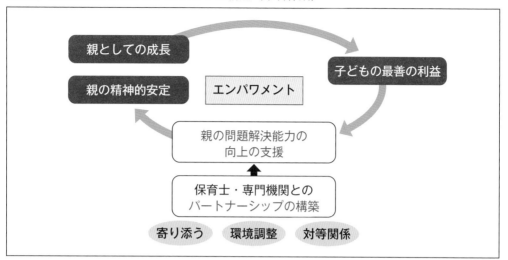

　2017年（平成29）告示の保育所保育指針の子育て支援の根底の考え方の一つとして、エンパワメントを挙げることができます。エンパワメントとは、自己決定や自己実現を促しながら、もともともっている能力を引き出したり、自分の力で自信がついていき、自分らしく生きていったりすることを意味します（図②）。すなわち、保育士は、保護者にとって安心な場や空間を用意しながら、保護者に自己決定を促したり、自己実現に向けて歩み出せるように、寄り添ったりします。その結果、保護者がもともともっている養育力を引き出して高め、保護者が自分の力で養育に自信がもてるように援助することができます。このように、保護者やその子どもが自分らしく生きることができるようになってもらうことが、保育所保育指針のいう子育て支援の考え方になります。

　事例④では、Dくんの母親の様子を察して、担任保育士が声をかけて、母親の話を聴く機会を設けています。エンパワメントは、保育士と保護者が対等関係であり、悩んでいる保護者の気持ちに寄り添うことが出発点と考えられています。事例④では、母親の気持ちに寄り添い、非審判的態度をとりながら、母親とのパートナーシップを構築しています。母親にDくんの園での様子を話すといった保育士の専門性を発揮しつつ、園長や主任保育士の協力を得て、他の保護者に対し園で起きたことの責任は園が負うため保育士に伝えるようにするというDくんの母親の側に立った環境調整を行っています。これらのことで、Dくんの母親は本来もっている養育力が引き出されて、次の日から自信をもってDくんの送り迎えをすることができるようになり、その様子を見たDくんは、園生活において、友達に優しさを見せたり、遊びのなかでさらにリーダーシップを発揮したりと好影響を与えています。

　このように、保護者はどのような関わりにおいても条件がそろうとエンパワメントされて、養育力の向上へと動き出し、それが親子間の好影響を生み、さらには、親子と保育士間の好影響をも生むという状況をつくり出します。

　近年、子育て支援の実践では、たとえば保護者へ記録を公開してドキュメンテーション

の園内掲示や園だより、クラスだより発信などを、多くの園が子育て支援の一環として実践をしています。それらの実践は方法に着目するのではなく、その実践の根底に、保護者に寄り添うことと保護者とのパートナーシップを築くという考え方が存在することを意識しながら実践していくという意識が必要です。

　また、そのような保護者と保育士との関係性から信頼関係が生まれ、安心できる関係性になることで、先に述べたエンパワメントによって保護者が従来もっている養育力が引き出されて、保護者も子どもも、そして、保育士も共に育ち合うことができるのです。

　しかし、保護者のもともともっている養育力を信じていなければ、子育て支援を実践しているつもりでも、保護者の養育力の向上を促すことは難しくなります。

　子育て支援は、保護者のもともともっている養育力を信じて、その力を伸ばすことを促そうとしながら実践を行う行為です。これからの子育て支援においては、保育士は、保護者とパートナーシップを築きながら、エンパワメントの考え方に立って、子育て支援の実践に大きく寄与することが求められています。そのことが、保護者の養育力の向上につながる支援であるといえるでしょう。

2　地域の人びとが子育てを実践する力の向上に役立つ支援

(1)　地域に開かれた子育て支援の役割

　保育所が地域において子育て支援の役割を担う際に考えておかなければならないのは、他の特定教育・保育施設や地域子育て支援拠点★2とどう役割分担をしていき、保育所が地域に果たす子育て支援はどのようなものであるのかという認識が重要です。たとえば、保育に携わるほとんどの職員が保育士である保育所が地域における子育て支援を展開する際には、保育士の専門性を背景にしながら、なおかつ、保護者のもともともっている養育力を引き出すための環境を整えたり、援助として促したりしていく実践をしていくことになるでしょう。

　その際に、保育所の支援が保護者にとって一方的な支援となるのではなく地域も巻き込みながら、保育所と地域に保護者が支えられることが重要です。さらには、支えられていた保護者が保育所を支える立場になるような在り方が地域における子育て支援として理想かもしれません。次の事例はその例です。

★2　地域子育て支援拠点事業とは、就学前の子どもとその保護者が利用できる、遊びや交流するスペースの提供、子育て相談、子育て情報の提供などを行い、保護者の子育てを支援し、親子と地域を結びつける施設や場のことです。実施主体は市町村で、運営は市町村直営、NPO法人等、様々な形態があります。地域によって「つどいの広場」や「子育て支援センター」と、異なる名称で呼ばれています。地域子育て支援拠点は、社会福祉法人法に定める第2種社会福祉事業に該当します。

📄 **事例⑤**

　　Ａ園では毎月１回、地域の老人会のお年寄りを招いて、お年寄りと子どもの交流会を開いていた。そこに、保育参観として、保護者も来園するように企画していた。４月の年度当初は、保護者も地域のお年寄りも初対面の方々が多く、時々、会話を交わす程度だった。しかし、子どもがお年寄りに懐くなかで、その様子を見た保護者もお年寄りに対して親近感が湧いてくるようになった。さらには、お年寄りも子どもの保護者の顔と名前が一致して、だんだんと地域のなかで、園の行事がきっかけとして、お年寄りと保護者が園内だけでなく地域でもコミュニケーションをとることが増えてきた。

　　夏祭りを開催するというときに、老人会も保護者会も保育所を支えようと張り切って参加することになった。お年寄りの一人が大きな竹を切ってきてくれ、子どもと保護者のために七夕飾りができるようにセッティングをしてくれた。保護者会もかつての園児の保護者で電気会社に勤めている方に話をつけてくれて、照明器具を無料で借りることができ、夜の夏祭りが盛大に行われた。

　　この行事がきっかけとなり、お年寄りと保護者との関係がさらに地域において密接になった。さらに、保護者には子どもが卒園した後も地域の保育園として何かがあるたびに支えるという意識が芽生えた。また、保護者は様々な地域の方々とのつながりにより、子育てについて話し合えるようになった。

(2)　次世代育成支援の考え方と地域の子育てする力の向上

　次世代育成支援という言葉をよく耳にすると思いますが、次世代育成支援とは何なのでしょうか。

　次世代育成支援対策推進法という法律が、10 年間の時限立法（10 年間の期間を区切って法律を施行すること）として 2005 年（平成 17）に施行されました。国や地方公共団体、企業が一体となり、次世代の子どもや子どもを育てる家庭への支援のことを指します。2015 年（平成 27）３月 31 日までの法律でしたが、さらに 10 年間の時限立法として法改正がなされ 2025 年（令和 7）３月 31 日までの法律となりました。（関連施策のおおまかな流れは第 10 章 p.117 を参照してください）

　基本理念としては「保護者が子育てについての第一義的な責任を有するという基本的認識の下に、家庭その他の場において、子育ての意義についての理解が深められ、かつ、子育てに伴う喜びが実感されるように配慮して行われなければならない」とされ、国が策定した行動計画策定指針に即して、地方自治体は、地域における子育て支援、親子の健康の確保、教育環境の整備、子育て家庭に適した居住環境の確保、仕事と家庭の両立等について、目標、目標達成のために講ずる措置の内容等を記載した行動計画を策定しています。

　また、企業（事業主）は、行動計画策定指針に即して、目標、目標達成のために事業主が講じる措置の内容等を記載した行動計画を策定しています。さらに、地方公共団体、企業（事業主）、住民その他の次世代育成支援対策の推進を図るための活動を行う者は、次世代育成支援対策地域協議会を組織することができることなどが定められています。

　行動計画策定指針によれば「次世代育成支援は、保育士を始めとする専門的知識及び技

【図③】 次世代育成支援対策推進法の概要と改正のポイント

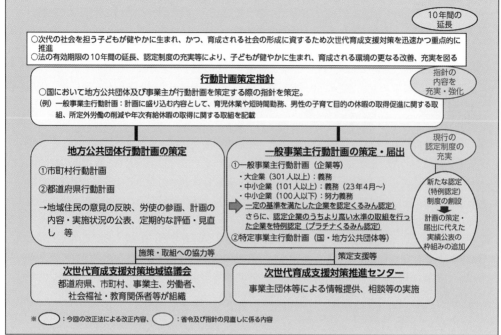

【出典】厚生労働省『令和2年版厚生労働白書　第2部第8節　図表1-8-3』

術を持つ担い手ばかりでなく、様々な地域の担い手や社会資源によって担われるものである」と述べています。その上で「子育ての孤立化等の問題を踏まえ、広く全ての子どもと家庭への支援という観点から推進」することを指摘しています。地域の活動団体（NPO、子育てサークル、母親クラブ、子ども会、自治会など）や地域の民間事業者（社会福祉協議会、ベビーシッターなど）、さらには、児童委員・民生委員や地域人材（高齢者や育児経験者など）の社会資源を活用することが必要です。その際に地域と保育所が連携・協働するなかで、地域全体で親子の成長を支えていく視点が重要です。

　次の事例⑥は、住民その他の次世代育成支援対策の推進の例です。

📄 **事例⑥**

　ある市では、子どもと大人の交流の場の必要性を感じて、子どもをもつ地域住民の人びとを中心として、交流のためのひろばを開くようになった。そのうちに市内の地域の子ども達を対象とした子育て支援を実践するようになった。その努力が認められて、市の次世代育成支援行動計画によって地域子育て支援拠点を整備する際に、交流のひろばへの委託が行われた。その後、全国の地域子育て支援拠点の全国団体とつながったり、市内の市立の地域子育て支援センターとも情報共有をしたりするなどのネットワークができてきた。

　この交流のひろばには、保育士の有資格者が1人おり、さらに、子育て家庭への支援を行うために、他の地域子育て支援拠点などの施設とのつながりをつくりながら、研修を合同開催したり、専門家や研究者を呼んでスーパービジョン（支援について指導者から教育を受けること）を行ったりするなどの工夫をしている。

(3) 保護者同士の交流や相互交流

　地域社会における人間関係の希薄化により、同じ地域に住んでいる保護者同士も名前と顔が一致しないというような時代になりました。地域社会においては子どもの遊び場は限られ、地域で子ども達が群れを成して遊ぶ姿が見られなくなりました。さらには、少子化に伴い、地域で遊ぶ子ども達の数が減少し、保護者も犯罪や交通事故などから我が子を守るために、地域で子どもを自由に遊ばせない状況が生まれています。地域社会から子どもの姿は少なくなり、地域社会の人達との交流がめっきり少なくなってしまいました。

　それだけではなく、子どもは習い事に行くなどから園外での交流が減り、同じ園の保護者同士の交流も希薄になってきています。とくに、父親同士の保護者においては、顔と名前が一致しないという現象は、よく見られます。昔は、地域社会や保護者などの子どもを取り巻く大人に見守られながら、ときには子どもが悪いことをすると叱ったり、良いことをするとほめたりと、地域社会や保護者同士がみんなで子ども達を育てるという風潮がありました。しかし、現代社会において、自分の子どもだけをみて、自分の子どもだけを育てるというような意識が強くなり、いつしか、共同体において子どもを育てるという意識が薄れてきてしまいました。

　そのため、保護者同士の交流の場を設けることができることから、園が保護者の相互交流を促すように支援するという時代になりました。事例⑦でその様子を見てみましょう。

📄 事例⑦

父親（おやじ）の会

　ある園では、保護者会を開くと母親の出席が多く、なかなか父親が園行事に進んで参加する姿が見られずに悩んでいた。園長先生が、ある父親に話をすると、「園の行事に関わりたいけれども、知り合いも少なく、お父さんの参加も少ないようなので、なかなか自分から積極的に参加することについてためらってしまう」という意見を聞いた。

　そこで、園長先生は、父親に呼びかけて保育園に関わってもらおうと、「父親（おやじ）の会」を結成することにした。思惑としては、父親同士の交流が大きな目的の一つだったが、その交流を通して、自分の子どもとの関わりや子育てに目を向けてもらうこと、自分の子どものみならず知り合いの子どもや地域の子どもにも目を向けてもらうことを考えていた。

　父親（おやじ）の会の結成に伴い、園舎を開放して父親が子どもを連れてきてキャンプが企画されるなど少しずつ、会の活動は活発になってきた。そして、園行事にも毎回父親が積極的に関わるようになり、会が成熟するにつれて、近隣の園の父親（おやじ）の会との交流も始まり、子どもを中心とした父親が主体となった地域活動が盛んになっていった。

✎ ミニワーク④

▶「話し合ってみよう」

　保護者同士の相互交流を深めるために、保育所ができるアイデアやプランをグループで話し合ってみましょう。

【話し合いのヒント】

・園が保護者にどんなことを提案すれば相互交流を始められるでしょうか。

・相互交流を深められるようになるプランはどんなものなのでしょうか。

第6章
保育士に求められる基本的態度
（受容的関わり・自己決定の尊重・秘密保持等）

ねらい ・家庭支援における保育士の基本姿勢を身につける。 ・信頼関係を築き、家庭を支援するための保育士特有の専門性を説明できる。 ・保護者に影響を及ぼす保育士自身の自己理解を学ぶ。

1 保護者に対する支援の基本

(1) 保育士と保護者の信頼関係とは

①信頼関係の基礎

保育士からすると、保護者が保育士に対して「安心して預けられる」という気持ちが強いほど信頼されているということになります。たとえば、登園時の母子分離の際に子どもが大泣きをしても、保護者が「心配だけど、この保育士（園）であれば大丈夫！」という感覚をもっていることが信頼しているという状態になります。

では、さらに深く理解するために、具体的な場面を見ていきます。

ある月曜日の朝、Ａくんは泣きながら登園してきました。そのあとのＡくん親子への保育士の対応を2つ例に挙げますので、それぞれ考えてみましょう。

事例①

【泣きながら登園してきたＡくん親子】
保育士の対応❶
　「たいてい月曜の朝は、母子分離を渋る子が多い。Ａくんもそのうちの一人」と思い、そのまま抱っこしながら「ほら、Ａくん、泣き止んで『いってらっしゃい、しようね』」と言う。

保育士の対応❷
　Ａくんの目を見ながら「おはようございます、Ａくん。何か悲しいこと、あったのかな？」と話しかけ、保護者に「朝から大変でしたね。Ａくん、おうちで何かありましたか？」と言う。

ミニワーク①

▶「考えてみよう」
　あなたは、保育士の対応❶、❷のどちらが適切な対応だと思いますか？　また、その理由について考えてみましょう。
【考え方のヒント】
・それぞれの対応は、誰の立場からの行動でしょうか。

　あなたは、保育士の対応❶と❷について、どう考えましたか？

　❶では、保育士はＡくんの泣いている理由を確かめようとせず、「当てはめ」や「思い込み」で他の子どもと同じように捉えています。一方❷では、保護者の状況や思いに配慮し、❶のように「他の子どもと一緒」と割り切っていません。Ａくんの悲しい思いにも共感しつつ、さらに保護者の大変さを受け止めています。また、保護者が話をするきっかけをつくっています。

　たとえば、❷の場合に保護者から「今日は、こんなに晴れているのに、昨日買った長靴をどうしても履いていきたいってきかなくて…。時間がなかったから靴を履かせてくるのが精いっぱいでした」という話を保育士がうかがうことができれば、「そうでしたか。Ａくん、お気に入りの長靴を買ってもらったんだね、よかったね。今度さ、雨の日に先生に見せてね。履いてお散歩いこう！」とＡくんの気持ちを代弁し、子どもの気持ちに寄り添った関わりをすることができます。

　事情を適切に踏まえた対応で子どもを受け止める（落ち着かせる）といったこのようなやりとりがあれば、保護者は安心感を得て気持ちを引きずらないで職場に向かうことができるでしょう。逆に❶であれば、Ａくんの優先順位が「いってらっしゃい、を言うこと」になっているため、子どもは最後まで泣き止まないかもしれません。すると保護者は、気持ちが晴れないまま職場に向かうことになります。

　さらに、その日の降園時に保護者に対し「Ａくん、あの後、私と大好きなＢちゃんとで朝顔の水やりに誘ったら気持ちが切り替わったのか、お手伝いをしてくれたんですよ。お昼ご飯のときには、昨日のお買い物の話をしてくれました」などと状況を丁寧に伝えることで、保護者は子どもが園で一日楽しく過ごしたことを実感できるように話をします。保育士・保護者の双方の情報を伝え合うことで互いに理解し「信頼関係の基礎を築いていく」という行為が子どもの育ちを支えることにつながるのです。

②信頼関係づくりには時間がかかる

　近年は、スマートフォンやタブレット等のICT技術の進歩からインターネット社会・情報化社会が広がり、いかに時間や手間をかけないでものごとを処理するか、に価値が置かれるようになってきています。しかし、過剰な合理化や効率化は、対人援助職には当てはまらない場合が多いです。

　①では保護者との信頼関係の基礎やその重要性を述べてきましたが、仮に保育士・保護者の間で信頼関係を思うようにつくれない場合、どのようにすればよいのでしょうか。みなさんは、信頼関係が築けないと感じる保護者に直面した場合、「自分の責任であると感じる」、または「保護者を責める気持ちが生じる」といった二つの感情が生まれるかもしれません。

　しかし、ここで大切なことは結果ではなく、信頼関係を築こうとする過程そのものが大切であり、その過程が保護者を支援するという行為そのものなのだということです。子どもの保護者としての存在そのものを肯定しながら、見守り、承認を続けます。日常的な登降園時でのやりとり（面談、電話なども含む）で時間と空間を丁寧に共有することで、少

しずつ関係性の変化が生じてくるようになります。じっくり見守り、承認をすることで、保護者との関係が変化する可能性があると信じながら、保護者自身の変化を少しずつ促していきます。

　関係が築けないと感じる状況であっても、これらは大切にするべき基本姿勢といえるでしょう。

③バイスティックの7原則

　保育士と保護者・子どもをはじめとする個別的な対人援助に関しての分野では、バイスティックの7原則が参照されています。バイスティック7原則は相談援助分野では古典ではありますが、わかりやすく、現場に即した援助者の行動規範のため、よく使われています（表①）。

【表①】バイスティックの7原則

1. 個別化	相談者（子どもや保護者）を個人として捉える。 相談内容や抱える課題はカテゴライズできるが、背景はみな異なるうえ、誰もが、個人として大切にされたい欲求があり、それを尊重すること。
2. 意図的な感情表出	相談者の感情表現を大切にする。 相談者は自分の感情を自由に表現したいという欲求がある。状況に応じて、その思いを受け止め、援助する際には、配慮すること。 話しやすい雰囲気を作るための環境に配慮することも含まれる。
3. 統制された情緒的関与	援助者は自分の感情を自覚して、よく考えてからこたえる。 相談者の感情を理解し適切に対応をするために、援助者が感情をコントロールすること。
4. 受容	相談者を受け止める。 相談者を否定も肯定もせず、ありのまま受け止めること。 だからといって、それは逸脱した行動や態度を認めることではない。
5. 非審判的態度	相談者を一方的に非難しない。 援助者の価値観や善悪で審判したり、非難したりしてはいけないこと。援助者は、相談者が自分で課題に向き合い解決できるように援助することが役割。
6. 自己決定	相談者の自己決定を尊重する。 相談者の自己決定を促し、尊重すること。自己決定がスムーズに行われるように援助することも含まれる。援助者を中心として課題の解決が行われるようなことや、相談者を従わせるようなことは、自己決定につながらない。
7. 秘密保持	秘密を保持して、信頼感を培う。 相談者が打ち明ける秘密は、すべてが個人情報であり、秘密を守る配慮の積み重ねが信頼関係の形成につながること。

【出典】長島和代・石丸るみ・前原寛・鈴木彬子・山内陽子 著
『日常の保育を基盤とした子育て支援─子どもの最善の利益を護るために』萌文書林、2018年、p.81

　バイスティック7原則は、それぞれが独立で捉えるのではなく、相互に関わり合い、補足し合う関係にあります。そのため、支援の際には複数の原則を用いるようにしましょう。保護者のニーズを探り、そのニーズに対して適切な原則を活用し、保護者のニーズに応答することで、保護者の気づきに結びつけることができるのです。

(2) 保護者を理解するとは

①保護者の置かれている状況を捉える

　保護者の子育てを支援するに当たっては、多面的に保護者を捉えながら支援の在り方を考える必要があります。たとえば、子育てに関する知識や経験が親から継承されにくいことや、遊び場所や気軽に相談できる地域資源が少ないことなどの、現代の保護者にとっての子育て環境の課題や地域性を理解するところから、保護者自身の生い立ちや就労しているのであれば仕事の状況に至るまで、様々な情報を取り入れながら考えなければなりません。これらの情報が乏しいと保護者にとって表面的で一方的な助言となり、やり方を少しでも間違えれば容易に「一方的な指示」と保護者に受け止められてしまいます。

　また、責任感や使命感が強い保育士の場合、それ自体は否定するものではありませんが、仮に保護者が子どもに対してよくない行為をしている場面を見たり、聞いたりした際に、「親として最低な行為だ」「子どもの最善の利益に反している！」という気持ちになるように、非常に感情的になるのではないでしょうか。

　このような場合は、「そのような言動をしてしまうぐらい追い込まれているのではないか？」「そのような状況にある保護者にどのような支援ができるか？」という視点をもてるかどうかがポイントになります。

　保育士の感情が先に立ってしまうと、保育士の考えや思いが先行するがあまり、保護者を理解する視点が欠落し、「わかってもらおう」として保護者と互いに攻撃的な言動になってしまうことがあります。援助者として保護者の思いを受け止めるためには、感情的にならず、余裕が必要となります。この余裕は、必ず保護者に伝わっていきます。そもそも支援が必要な保護者は余裕がない状態ですので、保育士に対して攻撃的な言動をするわけです。保育士も一緒になって余裕がなくなると、双方に余裕がないため、互いに責め合う関係が簡単に生まれてしまいます。

　それでは、保育士は、よくないと思われる保護者の言動に対して、どのように受容すればよいのでしょうか。「気持ちを受け止める」とはどのような状態のことを指すのでしょうか。次頁の事例②から具体的に考えてみましょう。

📄 事例②

　3歳児のBくんは、最近友達とおもちゃの取り合いからけんかになることが続いている。保育士は、けんかが多いことも気になるが、Bくんが怒り出すとおもちゃを壁に投げつける行為も気になっていた。保育士は、このような姿を母親とも共有しようと思い、登降園時に話しかけようとするが、いつも慌ただしく帰ろうとする。ゆっくり会話をする時間がなかった。また、母親はいつも険しい表情だった。

　そんなある日の金曜日、母親が早めにお迎えにきた。母親に明日の出勤はないのではないかと思い、保育士から「お仕事、お疲れ様でした。今週も忙しかったですか？」と声をかけた。すると堰(せき)を切ったように心配なことを吐露してくれた。

　Bくんの母親の話をまとめると、以下のような状態であることがわかった。

　・不景気から父親の勤務する会社の経営状態が悪化していること
　・母親の会社は大幅なリストラがあり、「明日は我が身」であること
　・経済的にも心理的にも余裕がなく、夫婦げんかが絶えないこと

　このように余裕がない生活が続いているため、自分でもいけないと思いつつ、ついBくんにあたってしまうことがあるそうである。登園の際に、時間がない時でもおもちゃで遊んでいていつまでたっても着替えをしないBくんに腹を立て、壁におもちゃを投げたことがあったそうである。また、母親は涙ながらに、いけないとわかっていても叩いてしまうことがある、とも話していた。

　Bくんの母親と話をすることで、このような家庭での生活や状況がわかりました。ここでどのような対応が求められるのかを整理したいと思います。

　以下の図①の母親の発言に対して、あなたは❶と❷をどのように考えますか？

【図①】保護者との具体的なやりとりの例

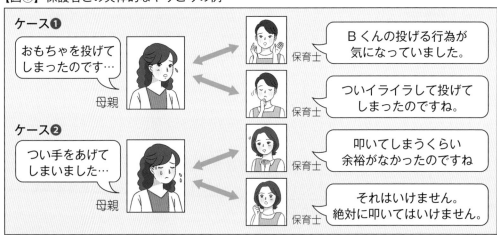

🖊 ミニワーク②

　▶「考えてみよう」

　事例②では、保護者の発言のケース❶、❷に対し、保育士の対応が2通りあります。あなたは、ケース❶、❷の発言に対して、それぞれどちらが適切だと思いますか？　理由とともに考えてみましょう。

　母親は、仕事の事情から時間的・精神的に余裕がないにもかかわらず、懸命に働いています。追い込まれながらも子育てをしている現状があります。したがって、ケース❶のような場合、母親の行動を受け止める言葉かけをし、さらに「お母さんのがんばりは、必ずBくんも見ていますよ。ただ、がんばりすぎないようにしてください。困ったことがあればいつでもおっしゃってください」と話してくれたことへの感謝の言葉とともに、今の母親の置かれている状況に共感を示します。そして、「一人で抱え込まなくてもよい」というメッセージを送ります。このように受容を通して信頼関係をつくっていきます。

　では、ケース❷の叩いてしまう行為についてはどうでしょうか。叩くという行為は、暴力です。これはどのような理由があっても、けっして許されることではありません。しかし、ここで「叩くのはいけないこと」を理解しているのは他でもない母親ではないでしょうか。「いけないこと」として返答すれば、「（この保育士は）受け止めてくれない」「責められる」と感じ、それ以降相談しようとしませんし、仮に叩く行為が保育士に知れたとしても、叩いてないと隠すはずです。

　ただ、ここでは叩くという行為を肯定しているわけでも、許容しているわけでもありません。保護者も一人の人間として、時としていけないとわかっていても行動に移してしまうことも含め、ありのままを受け止めるところから援助を始めるのです。「言いたくないことを言ってくれてありがとうございます。思うとおりに動いてくれないと困りますよね」と母親の行為ではなく、感情に焦点を当てます。その上で、保護者が置かれている状況を整理しながら、どう対応すればよいのかということを具体的に考えます。ここでのポイントは「具体的に」ということです。生活の主体者は母親です。母親が「これならできそう」というレベルを模索します。

　もちろん、子どもへの不適切な行為を認めなかったり隠したりする保護者もいます。子どもへの不適切な行為は、園長などの管理職と状況を共有しながら、また、ケースによっては関係機関と連携しながら支援を行います。しかし、保育士の基本姿勢として、受容や共感を徹底し、子育ての主体者は保護者であることを念頭に置きながら見守っていくことを忘れてはなりません。

2　受容的な関わり

(1) 子育て支援に求められる態度・知識・技術

　保育士が行う子育て支援は、専門性が求められます。第2章 p.26 の表①でも述べているとおり、おおよそ保育士の支援技術は、15通り（1観察　2情報収集　3状況の読み取り　4共感・同様の体感　5承認　6支援　7気持ちの代弁　8伝達　9解説　10情報提供　11方法の提案　12対応の指示　13物理的環境の構成　14行動見本の提示　15体験の提供）あります。

　たとえば、子どもが生まれるまで乳幼児と接する機会がなかった保護者は、子どもとの

関わりや発達の見通しがもてないことが予想されます。そのような自信がない保護者には、保護者の思いを尊重しつつ、「9 解説」「10 情報提供」「14 行動の見本」などの保育士からの能動的な働きかけがとくに重要となります。また、身近に相談できる人がいないなど子育てに関する情報が不足した環境だったり、子どもの発達がゆっくりだったりした場合、保護者は不安になります。情報を周囲から得られず、根拠に乏しいインターネットからの情報を頼りにしている保護者には、保育士からさらに情報を伝えるのではなく、まずは「5 承認」「6 支持」「7 気持ちの代弁」などの保護者の気持ちを受け止めて支える関わりが必要になります。

　このように、保護者の状況に応じて知識や技術を選択して効果的に用いることが大切です。さらに、多様な支援の在り方を知っていると、保護者を当てはめて関わったり、いつも同じ支援をしてしまうことに陥ったりすることを防げます。そして、臨機応変でオーダーメイドな支援ができます。

3　共感的に保護者を理解していく

(1) 保護者への共感的理解

　共感的理解とは、共感性に基づく他者理解のことです。共感性とは、自分が他者の立場に立って、その人の感情を推測し、同様の感情を共有しようとするプロセスからなります[1]。したがって、けっして保育士自身の価値観や物事の捉え方に当てはめて保護者をみたり、認めたりすることではありません。

　人は、自分の体験したことや価値観が近い人の話や状況は、比較的簡単に共感することができるかもしれません。しかし、一人の保育士が経験したことや価値観は、一人ひとり個性ある保護者と合致することの方が少ないのです。「それは変だ」「間違っている」と感情が先に立ち、判断が固定されているのであれば、すでに共感的理解ではなく、自分の価値観などに合わせていることになります。

　まずは、自分の物差しをいったん置いておき、保護者の感情や立場などに思いをはせ、保護者の内面に身を置き、保護者の見ている「景色」を眺めることから始めましょう。もちろん、保護者の気持ちを 100％わかることは困難です。しかし、保育士の「理解しようとする姿勢」は、必ず保護者に伝わります。共感的理解によって、保育士は自分以外の価値観や考え方に触れ、様々な人生に出会います。共感的理解は、保育士の成長としても、一人の人間としても人生に幅や潤いを与えてくれるはずです。

★1　秋田喜代美 監修『保育学用語辞典』中央法規出版、2019年、p.85

（2）保育士の自己理解

　共感的理解を深めるためには、先に述べたように、自分の価値観や物事の捉え方を自覚する必要があります。常に保護者を客観的に捉える意識をもたなければ、無意識に表れた自分の心、考えや気持ち、行動に影響を受けてしまうことになります。自分の体験を必要以上に"保護者の体験"と重ねすぎる危険性もあります。そうなると、保護者の感情なのか、自分の感情なのか混同し、「○○しなければならない」という当てはめが生じます。また、同僚保育士からの助言なども聞き入れにくい状況に陥るので注意が必要です。

　そのために保育士は、保護者の価値観や感情と一定の距離を保つことが求められます。

> ◆ **ミニワーク③**
>
> ▶ **「自分を理解しよう」**
> ①次に挙げる語句で、今のあなたが大切だと思う順に、理由を考えながら並べましょう。
> 「名誉（自尊心）・家族・お金・健康・友情（愛情）」
> （1：　　　　　2：　　　　　3：　　　　　4：　　　　　5：　　　　　）
> ②将来保育士になったあなたが、これらの言葉に対してどう変わっていくのか考えてみましょう。

4　自己決定の尊重

　「自己決定の尊重」とは、保護者が自分で判断し、決定する能力と権利を尊重することで、保護者の主体性を重んじた基本姿勢です。注意したいのは、自己決定の尊重には、保護者に自己判断を迫ったり、子育ての責任を押し付けたりするということではありません。また、近年では自己責任という言葉が一人歩きをして、都合のよい解釈がされ、必要な支援が検討されず、すべての責任を本人に帰するような風潮さえあります。

　ここでいう自己決定の尊重とは、保育士が選択肢を用意して、保護者が自分ならどのように子どもに関わるか、どのような見方ができるかを模索し、決定できるように気持ちを支えたり試行錯誤をしたりする営みを支持することです。けっして、保護者が決定したことを尊重する、という短絡的なことではなく、決定までの歩みを支えていくプロセスが大切であるということです。おおまかには、以下の図②のようなプロセスとなります。

【図②】自己決定を尊重するプロセス

①　人間がもつ相手への根源的な信頼感を土台に、保護者と問題を共有する。	→	②　保護者が必要だと思われる情報を提示しつつ、ともに悩む。	→	③　保護者なりの選択や判断をする営みを支え、支持する。

　保育士は、この一連のプロセスを"つかず離れずの距離感"で見守っていくことが求められます。保育士側からも意見は伝えますが、保育士・保護者のどちらかの意見が強いという一方的なものではなく、互いに取捨選択できる建設的なやりとりが必要となります。

　では、具体的に図③をもとに考えていきましょう。

【図③】自己の尊重の実際

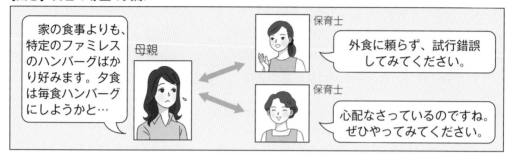

　図③のように、保護者の悩みに子どもの食事に関する悩みは多くあります。保育士としては、「外食ではなく、家で食事をしてもらいたい」「夕食ぐらいは手料理を作ってもらいたい」と感じるかもしれません。しかし、子どもの成長に必要な栄養を考え、実際の行動に移そうとする保護者を支えることが大切です。この後、「○○の冷凍のハンバーグが売っているので、家で挑戦しようかと思います」と話されたら、またその経験を通して試行錯誤しながら、食事内容を調整していくことができます。

　このような子どもの食事の様子を見て行動しながら試行錯誤していく経験は、別の問題で保護者が子どもとの関わり方について悩んだ際の大きな力になります。それは、「身体に良いんだから食べなさい」と言う一方的で感情的な方法ではなく、子どもの成長・発達を理解しながら、どのような環境や関わり方を用意したら乗り越えることができるのかについて、考えていく力となります。

　このように保護者の意思を尊重し、支えることは保護者の養育力向上に寄与するのです。

5　秘密保持

　第2章p.34の保育士倫理綱領にもあるとおり、保育士は、子どもや保護者のプライバシーの保護、知り得た情報の秘密保持を守ることは家庭支援を行う上で大切な原則です。

　児童福祉法第18条の22には、「保育士は、正当な理由がなく、その業務に関して知り得た人の秘密を漏らしてはならない。保育士でなくなつた後においても、同様とする」と明記されています。秘密保持の重要性や必要性は、第2章p.33で述べているとおりです。ここでは、「正当な理由がない場合」を考えています。「正当な理由」がない限りは、子どもや家庭に関する秘密が漏れることがないよう、情報の取り扱いには十分な注意が求められます。たとえば、夫からのドメスティック・バイオレンス（DV）を避けるために引っ

越しをして入園した場合に、園のホームページで個人が特定できる程度に掲載されている
とします。そうなると、父親に居場所を知られるリスクが高まります。多様な事情を抱え
る家庭が増えてきていますので、現状把握に限界はありますが、常にこうしたリスクを想
定しておくことが必要です。とくに、不特定の人が閲覧できるホームページにおける情報
公開には、保護者と書面で承認を取り交わすなど、慎重な対応を心がけましょう。

　さて、次に「正当な理由」について考えてみましょう。実は、子どもの最善の利益を考
慮した関係機関との連携、状況共有が必要なときには、この原則よりも「通告」が優先さ
れます。具体的には、児童虐待が疑われるときには、同法の適用とならず、速やかに通告
することが求められます。

第7章
家庭の状況に応じた支援

> **ねらい** ・多様な家庭の支援を理解し、支援ができる。
> ・発達年齢別の家庭の実態を理解し、保育士の配慮点を身につける。

1 保育所保育指針における家庭に応じた支援

(1) 家族の個人化

　我が国では、これまで社会から求められる「男性像」「女性像」があり、それぞれの役割がありました。それに呼応する形で、人々は求められている役割を男性・女性が意識的にすみわけをして、全うしようとしていました。

　しかし、時代が進むうちに、それまで求められていた役割への意識が社会的に、個人的にも変化し、自分の意思を尊重する形で役割を気にせず仕事などを自由に選び、生活をするようになってきました。

【図①】「夫は外で働き、妻は家庭を守るべきである」という考え方に関する意識の変化（男女別）

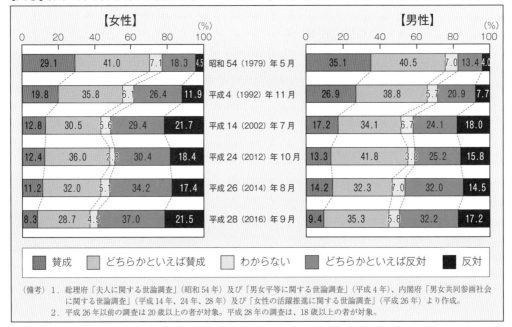

【図②】「夫は外で働き、妻は家庭を守るべきである」という考え方に関する意識（男女別）(2018年)

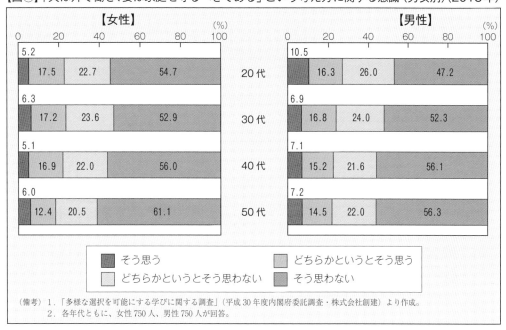

（備考）1.「多様な選択を可能にする学びに関する調査」（平成 30 年度内閣府委託調査・株式会社創建）より作成。
　　　　2. 各年代ともに、女性 750 人、男性 750 人が回答。

　内閣府男女共同参画局による世論調査では、「夫は外で働き、妻は家庭を守るべきである」という質問に対する回答を示しています（図①、②）。1979 年（昭和 54）では、「賛成」「どちらかといえば賛成」と答えた女性は 70.1 ％、男性は 75.6 ％でした。一方、2016 年（平成 28）では、女性が 37 ％、男性は 44.7 ％と大幅に減少しています。このことは、家庭内における性的役割分業への意識が男女ともに変化していることを示しています。また、図②を見ると、2018 年（平成 30）では「夫は外で働き、妻は家庭を守るべきである」という考えについて、「どちらかというとそう思わない」「そう思わない」と回答している年代は 50 代であり、年配であるほど柔軟に役割分業を捉えていることがわかっています。

　では、実際に女性が職業をもつことに対する考えは、どのような変化をしてきたのでしょうか。

　次頁の図③は、女性の就労に関する意識の変化を調べたものです。1992 年（平成 4）は、「（子供ができたら職業をやめ、）子供が大きくなったら再び職業をもつ方がよい」（原文ママ）との考えが 45.4 ％と半数近い割合でした。一方、1992 年における「子供ができても、ずっと職業を続ける方がよい」の割合は 26.3 ％でしたが、年々増加傾向になっていき、ついには 2003 年（平成 15）以降に逆転し、2014 年（平成 26）では、45.8 ％となっており、子どものいる家庭の母親が就労する意識は 8 割弱にものぼります。

【図③】 女性の就労に関する意識の変化（女性）（2018年）

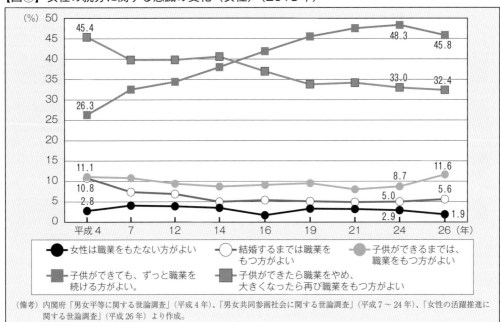

(備考) 内閣府「男女平等に関する世論調査」(平成 4 年)、「男女共同参画社会に関する世論調査」(平成 7 ～ 24 年)、「女性の活躍推進に関する世論調査」(平成 26 年) より作成。

　このように、今日では共働きが主流のライフスタイルになっています。就労する女性が多いことから、多様なライフコースも現れてきています。

　一方で、近年では家庭を構成する家族のそれぞれが過度に自己実現を目ざす傾向があり、家族の個人化が進みすぎることへの懸念が指摘されています。たとえば、家族同士でリビングに居て同じ時間や空間を共有しているようであっても、個々にスマートフォンやタブレットを操作したり、テレビを見たりするなど互いに向き合わず、会話が乏しかったり、情緒的な交流がなかったりします。結果として子どもの育ち、保護者の子育てに影響を及ぼす可能性が少なくありません。保育士は、保護者の思いも大事にしつつ、子どもの育ちの視点や具体的な関わり方などを提示しましょう。このような子どもの保護者の自己実現と個人化のバランスを考慮し、適宜助言をするよう努めましょう。

(2) 家庭における人間関係

①親子関係

　これまで述べてきたとおり、共働きが主流となるなかでは、夫婦で協力して子育てをしていくことが前提にあります。当然、父親による子育ても期待されるようになり、家事も夫婦で分担して行うことが大切になります。

　しかし、6 歳未満の子どもをもつ夫婦の 1 日あたりの家事・育児時間の国際比較を見てみると、我が国は「夫の家事・育児関連時間」は 1 時間 23 分と諸外国と比して最も短い時間であり、「育児の時間」は 49 分と 1 時間以内でしかありません（図④）。一方、妻は「家事・育児関連時間」「育児時間」ともにどの諸外国よりも多いことがわかっています。

【図④】 ６歳未満の子どもをもつ夫婦の家事・育児関連時間（１日当たり・国際比較）（2016年）

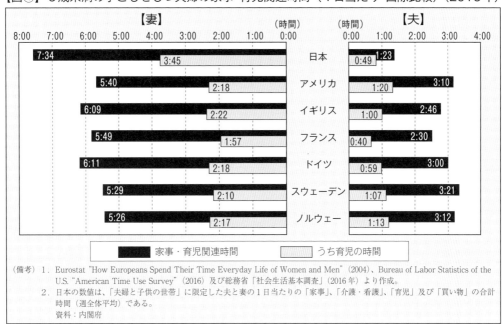

（備考）　1.　Eurostat "How Europeans Spend Their Time Everyday Life of Women and Men"（2004）、Bureau of Labor Statistics of the U.S. "American Time Use Survey"（2016）及び総務省「社会生活基本調査」（2016年）より作成。
　　　　　2.　日本の数値は、「夫婦と子供の世帯」に限定した夫と妻の１日当たりの「家事」、「介護・看護」、「育児」及び「買い物」の合計時間（週全体平均）である。
　　　　　　　資料：内閣府

　このことは、女性に家事や育児の負担比重があることを示しています。その背景としては、夫の理解不足の面もあるかもしれませんが、社会的な背景としては、夫の就労内容、形態が大きく影響しています。たとえば、定時出勤退社が困難であったり、休日がとれなかったりと、育児や家事に取り組めない状況も多く見受けられます。これは個人だけでなく社会全体で仕事に対する向き合い方を考え、改善していかなければならない問題でもあります。

②きょうだい関係

　きょうだいは、家族のなかでも夫婦関係や親子関係とも違って特殊な関係といえます。場合によっては、競争相手にもなりますし、遊び相手にもなります。きょうだいの年齢差によっても微妙に関係が変化します。たとえば、年齢が離れている場合では、年上の子どもが年下の子どもの面倒をみますし、ときには年下の子どもが年上の子どもに保護者のように頼ったり甘えたりします。逆に年齢が近いきょうだいであれば、友達のようだったり、同等に言い争いをしたり、ライバルになったりもします。

　子どもたちは、そのような関係を通して助け合ったり、反発し合ったりしながら一緒に成長していきます。そして、日々コミュニケーションをとりながら関係を深めていきます。さらに、関係を深めていく過程において、人との距離の取り方を身につけていき、成人後の人とのつき合い方に影響を及ぼすことが多く見られます。

　一人っ子が増えてきていますが、「両親と子ども」という家族構成の場合、家族メンバーによる相互作用が少なく、固定された関係になりがちです。きょうだいのように親とは異なる身近な存在は、社会モデルにもなります。

③祖父母との関係

　三世代で同居している家庭は、減少してきています。以前であれば、子どもは祖父母が家庭にいることで祖父母世代と交流があり、多様な関係性のなかで、振る舞い方や年功序列などの暗黙のルールなどを学んだりしました。仮に、祖父母と同居していなくても、祖父母が近所に住んでいれば、日常的に行き来することができ、頻繁にコミュニケーションを深めることができます。しかし、そのような家庭でさえも減少しているのも事実です。

　共働きの家庭であれば、祖父母の存在は大きく、多くの場合、気軽に子どもを預けることができます。それだけではありません。単純に預け先としての機能だけではなく、親と違って、子どもが無条件で甘えることができる存在であり、または普段聞くことができない祖父母自身の幼少期の話をしたり、昔の遊びを伝えてくれたりする貴重な存在でもあります。祖父母は、自分の子育てが終わっていることや自分の子どもを育て上げた自信から、余裕をもって接することができます。この意味では、保護者の子育てにおける身近な相談相手にもなります。

　このように、子ども・保護者を問わず、祖父母の存在は大きいといえます。近年では、世代間交流として地域の公民館などで催し物が行われているので、保育士は積極的な参加を促しましょう。また、高齢者施設への訪問を実施している園も増えています。子どもの育ちを支えるために、積極的に接点を設けていきたいものです。

（3）家庭における人間関係の変化

①単身赴任

　企業活動の全国展開から、新しいビジネスモデル・スタイルができつつあります。このような時代の流れとともに、保護者が遠隔地で単身赴任を受け入れる家庭が増えてきています。ここでポイントになるのが、一般的な単身赴任家庭のイメージを支援の際に当てはめて捉えると誤解が生じる可能性があるということです。

　単身赴任家庭は、「普段の生活に一方の保護者がいないため、情操教育やしつけの問題が難しくなる」「家計が2世帯となることによる経済的負担がある」「夫の健康管理や緊急時の相互連絡の困難さがある」といったことが懸念されます。たしかに、一般的にはこのような負担感や心配、そしてそれに伴うストレスが考えられます。

　しかし、一般的に考えられているほど大きくストレスを抱えているとは必ずしもいえないことがわかっています[1]。その大きな理由の一つに、すでに父親（単身赴任者）の不在が日常化していて、父親不在の生活サイクルが母子に確立していると考えられます[2]。また、単身赴任後のストレス症状の悪化は、父親に比べて母親の方が小さいと感じています。

　これらのことは、単身赴任に対して、社会的にイメージづけられているものを当てはめ

★1　田中佑子・中沢潤・中澤小百合『父親の不在が母親の心理的ストレスに及ぼす影響--単身赴任と帯同赴任の比較』教育心理学研究 44巻2号、1996年、pp.156-165
★2　田中佑子『単身赴任家族の研究-その動向と問題点』教育心理学研究 42巻1号、1994年、pp.104-114

て考えるのではなく、あくまでもそれぞれの家庭の状況を丁寧に捉えて支援の在り方を検討する必要性があることを示しています。また、父親不在ではない家庭と同じように、育児に対するストレスや悩み、不安はあります。単身赴任家庭は、父親不在にかかるストレスなどがさらに加わる家庭もあります。したがって、保育士は、家庭のなかでの父親の存在を確かめる機会（父親参観日の設定など）を設けたり、父親不在による母親の困り感を受け止めたりする必要があります。

②保護者の繁忙期

　職種によってそれぞれ違いはありますが、どの仕事においても繁忙期はあります。大きな企画が始まったり、任せられたりといったことであれば保護者自身も予測できない忙しい時期があります。そうなれば、早出や残業、あるいは休日出勤が必要になることもあります。また、通常の勤務時間内では終わらず、持ち帰りの仕事もあるでしょう。それらにより、普段以上に仕事に対して時間やエネルギーが必要になります。

　このように仕事が多忙な時期には、保護者は子どもの基本的な世話（食事や睡眠など）への心配りができないどころか、自分の睡眠時間を削ってでも仕事をこなそうとし、どの保護者も疲弊していると思われます。また、家事やお世話が十分にできないジレンマを抱えている人もいるでしょう。

　そこで、保育士は保護者の忙しさの収まる時期まで安心して預けられるよう保護者に対してサポートします。具体的には、子どもの様子を口頭だけではなく、連絡帳等での文字化やSNSでの映像伝達などをして伝える、持参物などは園の代替物ですませる、送迎時の励ましの言葉を忘れない、などの支援が必要になります。

③きょうだいの誕生

　きょうだい関係において上の子どもが葛藤する出来事は、下の子どもが生まれた時です。これまで男児女児問わず、母親（父親）を独占でき、心身ともに満たされていましたが、下の子どもの出産にともなって状況が一変します。状況の変化から上の子どもは、戸惑い、不安に思う気持ちから赤ちゃん返り（これまでできていたことや、やっていたことができず、赤ちゃんのような振る舞いをすること）をする子どももいます。

　保育士は状況を見ながら、ときには保護者に上の子どもと過ごす時間をつくるようお願いをしたり、母親以外の人に赤ちゃんを見守ってもらったりするようなアドバイスをします。また、保育中では、スキンシップを意識的に増やしたり、身辺処理（衣服の着脱等）を手伝ったりしながら子どもの気持ちの安定を図る関わりを心がけましょう。

2 子どもの発達段階別の支援

(1) 0歳児期の家庭への支援

　この時期の保護者（とくに母親）は、昼夜問わず授乳・排泄・睡眠など子どもの生理的欲求を満たすために時間を費やさなければなりません。乳児にとっては、生命を維持するために母親と一緒にいることが求められ、生理的欲求を満たされることで情緒の安定が促されます。一方、母親は出産前までの生活が一変し、生活リズムが整わない乳児の世話に24時間体制で臨み、子ども中心の生活になります。気持ちや身体の休まる時間がないので、疲労がたまりやすくなります。また、容易に外出ができない状況から孤立しがちになります。周囲に頼れる人がいないと母子共に心身のバランスを崩すこともあるので、保育所の積極的利用や乳児家庭全戸訪問事業（p.151）の活用をおすすめしましょう。

　また、ハイハイやつかまり立ちなど、子どもが動くようになればこれまでの家庭内の環境を変える必要があります。「誤飲を防ぐため床に小さい物を置かない」「テーブルの角にウレタンシートを張る」などの細かい配慮が必要です。このような保育士が保育室で日常的に実践している環境構成などについて、積極的に情報を提供していくとよいでしょう。

　この時期の母親への支援で最も大切なことは、<u>思うように泣き止まないなどの理由から母親が子どもを虐待してしまうことを防ぐこと</u>です。虐待を受け死亡する子どもの最も多い年齢は0歳児です（図⑤）。したがって保育士は、母親の心身の状態を確認し、気持ちや状況を受け止め、虐待を疑われるケースであれば関係機関への通報も検討しましょう。

【図⑤】死亡した子どもの人数と年齢（心中を除く）

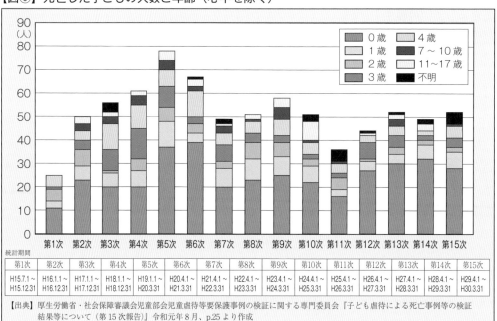

統計期間														
第1次	第2次	第3次	第4次	第5次	第6次	第7次	第8次	第9次	第10次	第11次	第12次	第13次	第14次	第15次
H15.7.1~ H15.12.31	H16.1.1~ H16.12.31	H17.1.1~ H17.12.31	H18.1.1~ H18.12.31	H19.1.1~ H20.3.31	H20.4.1~ H21.3.31	H21.4.1~ H22.3.31	H22.4.1~ H23.3.31	H23.4.1~ H24.3.31	H24.4.1~ H25.3.31	H25.4.1~ H26.3.31	H26.4.1~ H27.3.31	H27.4.1~ H28.3.31	H28.4.1~ H29.3.31	H29.4.1~ H30.3.31

【出典】厚生労働省・社会保障審議会児童部会児童虐待等要保護事例の検証に関する専門委員会『子ども虐待による死亡事例等の検証結果等について（第15次報告）』令和元年8月、p.25 より作成

(2)　1・2歳児期の家庭への支援

　1・2歳児は、自我が芽生え、これまであまり見られなかった反抗的な態度が増えていきます。保護者の意図どおりに行動をしていた時期とのギャップに保護者は戸惑います。これまで「うん」と言ってやっていたことが、ことごとく「いや！」に変わっていきます。そうなると、保護者と子どもとがぶつかることが多くなっていきます。保護者は、「ききわけがない」「これがいつまで続くのか…」といった不安定な気持ちが大半を占め、子どもと思うように関係がつくれないようになっていきます。

　このような場合、保育士は子どもの自我の発達の「あかし」であり、成長・発達に必要な営みであることやどの子も通過することであることなどを保護者に伝えます。口頭での説明はもちろんのこと、懇談会やクラスだよりといった多様な発信ツールを使用して計画的に伝えていきましょう。保護者に発達の見通しをもってもらうことが重要です。

　フォーマルな社会資源である子育て支援センターの利用をすすめたり、あるいはインフォーマルな子育てサークル活動や自治会の催し物を紹介したりするなども有効です。とくに、1・2歳児をもつ母親の集まりは、同様の悩みを抱えているので、共感しやすく、「私だけじゃない」と前向きになる効果があります。

(3)　3・4・5歳児期の家庭への支援

　3歳児以上になると多くの子ども達は、日中幼稚園・保育所等で過ごします。そのため、それまで家庭で過ごしていた子どもでも母親から離れ保育士や友達と過ごす時間が長くなります。この意味で、保護者にとって園は子育てを共にするパートナー的存在になります。パートナーということは、日常的に子どもの情報を共有し、励まし合いながら発達を支えていく必要があります。

　園と家庭での大きな違いは、友達の存在です。保護者の多くは、自分の子どもが園でどのように友達と遊び、関係を深めているのか断片的にしか理解することができません。保育士は、子どもに対しては友達と関わりを広げたり深めたりすることができるように援助する一方、保護者にはその際の表情や言葉でのやりとりなどを具体的に伝えます。

　発達の過程では、友達とのけんかやぶつかり合いがあります。保育士は、子どもの気持ちを代弁したり、自分の気持ちや意見を調整できるように援助したりします。保育士の援助の意図も含めて保護者と共有していきます。

　また、保育士側からの情報や相談の投げかけだけではなく、保護者側からも話を聞くことが求められます。たとえば、「自分の意見ばかり主張して仲間外れになっているのではないか」「帰ってくるたびに『友達に嫌なことをされた』と話す」といった悩みがあります。心配する気持ちを受け止めつつ、できるだけ専門用語（自己調整力等）を使わず平易でわかりやすい言葉を用いて相互理解を図り解消していきます。

　それ以外では、先述したとおり、同じような悩みを抱えている同年代の保護者の存在は大きいことから、保護者の仲間をつくれるような機会を設けたり、園の行事に参加しやす

いような場をつくったりします。

（4）学童時期の家庭への支援

近年、共働き家庭やひとり親家庭が増加していることもあり、学童保育を必要とする児童は増え続けています（図⑥）。放課後児童クラブ数や登録児童のうち、低学年・高学年児童数ともに年々増加傾向にありましたが、とくに平成 27 年度（2015）から対象児童が6 年生まで拡大された影響等で、利用できなかった児童（待機児童）の数は平成 26 年度（2014）の 9,945 人から 16,941 人へと大幅に増加しています。以降も毎年増加しており、令和元年（2019）には 18,261 人となっています。

【図⑥】放課後児童健全育成事業（放課後児童クラブ）の実施状況

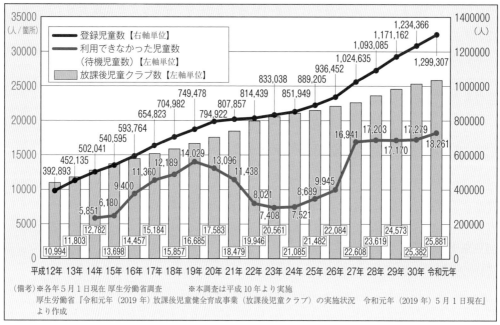

(備考) ※各年 5 月 1 日現在 厚生労働省調査　　※本調査は平成 10 年より実施
厚生労働省『令和元年（2019 年）放課後児童健全育成事業（放課後児童クラブ）の実施状況　令和元年（2019 年）5 月 1 日現在』より作成

学童保育は、待機児童解消の課題とともに、指導員の資格や専門性の問題、不十分な財政措置など、問題は山積しています。

学童期は、心と身体が大きく成長していく時期です。学童保育は、子どもたちにとって家庭に代わる「生活の場」であり、その在り方によって今後の成長に大きく影響を与えます。先述した課題は、社会の仕組みの改善から始まるため、保育士ができることには限界があります。保育士は、改善の動向を注視していくとともに、社会の仕組みを継続的に考えていく必要があります。

📖 **トピック**

▶「イクメン」の活躍

　みなさんは、「イクメン」という言葉を一度は聞いたことがあるのではないでしょうか。

　イクメンとは、単純には「子育てをする男性」という意味ですが、そこには「育児休暇を申請・取得する」「子育てを積極的に楽しむ父親」「子育てを通して自分自身も成長をする」というニュアンスが含まれます。

　これまでの日本では、「子育て＝母親の役割」とする社会的な価値観が存在していました。しかし現在では、この価値観が少しずつ変化してきています。イクメンに代表される社会的な動きは当初、少子高齢化への対応の一環として行われました。1992年（平成4）に施行された「育児休業法」をもって初めて男性も育児休業を取得できるようになり、父親の育児や子育て参加を奨励することも少子化対策の一環として捉えられました。「育児休業法」は1995年（平成7）に「育児・介護休業法〈育児休業、介護休業等育児又は家族介護を行う労働者の福祉に関する法律〉」と改正された以降もさらに改正が加えられ、時間外労働の制限や短時間勤務措置の対象年齢引き上げ、転勤への配慮、休業対象者拡大、育児休業期間延長、父親も子育てができる働き方の実現のための諸方策等々が法的に整備され、育児を行う男女労働者が働きやすい職場づくりを重視した後押しがされてきました。

　これらの対策をみていくと、「母親だけが子育てをする」というこれまでの社会から「母親も父親も子育てする」、そして「地域（社会）で子育てを支援する」という社会へ、次代の社会を担う子ども一人ひとりの育ちを社会全体で応援する社会を目指していこうとする国の育児観の転換がわかります。このように日本の「家族」における父親の役割が徐々に変化し、「イクメン現象」が現れました。2010年には、「イクメン」（育メン）が新語・流行語大賞のトップテンにも入るほど社会的に認知されてきています。この「イクメン・ブーム」は、日本社会の父親役割への期待があらわされています。

　しかし、現実的には父親の育児への行政の施策の後押しや社会的な期待は高まってきているものの、父親の育児時間はここ数年ほとんど変化がありません。理由の一つに、父親の家事・子育てへの意欲の高まりはあるものの、実際には職場の上司や同僚への遠慮から育児休暇を取りづらい雰囲気や、企業のバックアップ不足、また収入面での問題で残業をせざるを得ない父親の長時間労働によって育児時間が確保されない現状があります。これらは夫婦や父親だけでの取り組みでは解決できる問題ではなく、企業、行政なども含めた社会全体として共通の意識をもって取り組んでいく必要があります。

第8章
地域の資源の活用と自治体・関係機関との連携・協力

> **ねらい** ・保育所に求められる地域の資源の活用について知る。
> ・自治体・関係機関との連携・協力の仕組みを説明できる。

1　保育所に求められる地域の資源の活用

(1)　子ども・保護者が多様な他者と関わる機会や場の提供

　現代社会では核家族化、少子化により、家族規模も小さくなっています。このことは子どもの育ちに大きな影響を与えるでしょう。多世代の人々と接するなかで子どもは多面的に発達しますが、現代ではこれが難しい状態となっているといえます。こうした状態を踏まえ、乳幼児期の子どもに他児や他者と関わる機会と場の提供が求められています。

　また、保護者が他児や他の保護者と出会う場と機会も減っています。したがって保護者にとっても地域の親子が集う場は貴重な機会です。そのような場は、他の保護者の子どもへの関わり方を見て自分を客観視したり、他の子どもの育ちを見て自身の子どもの育ちの見通しをもてたりする機会となるからです。

　今日、保護者と子どもの置かれた環境・抱えている課題は複雑化・多様化してきており、個別性に基づいた支援を丁寧に進めていくことが重要です。保育所保育指針では、抱える課題と支援が次の5つに分類され、示されています。

【表①】保護者の状況に配慮した個別の支援

1　子育てと仕事の両立等支援
2　障害・発達上の課題のある子どもの保護者への個別の支援
3　外国籍家庭・特別な配慮を必要とする家庭への個別の支援
4　育児不安等をもつ保護者への個別の支援
5　不適切な養育等（虐待等）が疑われる保護者への個別の支援と対応
【出典】保育所保育指針第4章子育て支援2より、筆者要約

　子どもと保護者の抱える困難さが深刻にならないように、保育士は、子どもと保護者からの“シグナル”を日頃からよく観察し、聴きとり、応えていくことが大切でしょう。そして、支援を行う際には、保護者や家族の抱える悩み、困難の深刻さ、緊急性がどの程度であるかを、多面的に理解、判断し、支援方法を段階的、階層的に検討していくことが必要になります。

　表①の1〜5に示されるような特別なニーズへの対応は、保育現場だけの支援では限界があることもあり、様々な地域の資源を活用し、たとえば他の関係機関や専門職と連携す

るなどしながら長期的な視点に立って、それぞれの機関の専門性が有機的に機能するよう働きかけていく必要があります。つまり保育所は、地域の公的施設として、様々な社会資源[1]との連携や協力が可能であることが「保育所の特性を生かした子育て支援」であるといえます。

(2)　保育所が連携する関係機関と地域の資源

　保育所は、地域への子育て支援を通して、地域の子どもや子育て家庭が抱える諸課題の発生を予防または早期に察知し、その解決に寄与することが求められています。

　昨今では、地域の子育て家庭のなかでもとくに、外国籍の子どもとその保護者や、ひとり親家庭の子どもとその保護者、また貧困家庭、障害や虐待が疑われる場合にも、子どもとその保護者に対しては、個別の支援と配慮が求められます。

　たとえば外国籍の子どもとその保護者に対しては、日本語でのコミュニケーションが取りにくく、文化・習慣が異なることを考慮した言語的・文化的な支援が必要でしょう。ひとり親家庭の子どもとその保護者に対しては、人的資源の状況を把握した上で、必要な資源につなげられるようなネットワーク支援・情報提供を行う必要があるでしょう。また、貧困家庭の子どもとその保護者に対しては、子どもの基本的な生活水準が確保できるように、各関係機関と連携し、個別の支援を継続的に行っていくことが必要となります。

　他方、子どもに障害がある場合には、子どもの発達支援や保護者の障害受容、就学に向けた継続的な支援に向けた関係機関や学校との連携が必要です。また、保護者の養育等が不適切であり虐待が疑われる場合には、問題が顕在化する前に、問題状況や情報を他機関と共有しながらの対応が求められます。

　このような対応を行っていくために、保育所は、多種多様な関係機関や地域の資源と関係をもち、連携を行っています。

ミニワーク①

▶「調べてみよう」
　保育所が子育て支援のために活用する地域の資源や関係機関にはどのようなものがあるか、できるだけ書き出してみましょう。
【調べ方のヒント】
・専門の施設だけが地域の資源とは限らないことも念頭に置きましょう。
・子育てに関わる人材についても考えてみましょう。

　ミニワーク①のように関係機関と問われて、行政機関や医療機関、福祉の相談機関を思い浮かべたのではないでしょうか。しかし実際には、子育て家庭を支える保育所が連携し、

[1]　ここでいう、社会資源とは、利用者がニーズを充足したり、問題解決するために活用される各種の制度・施設・機関・設備・資金・物質・法律・情報・集団・個人の有する知識や技術等の総称のこと。【『精神保健福祉用語辞典』中央法規出版より】

関係をもっている地域の資源は、専門的な施設や機関、行政の公的な施設や機関（児童相談所、保健センター、警察、保育所、児童発達支援センター等）だけではなく、地域の住民や、民生委員、主任児童委員等といった方々も地域の貴重な存在であります。

このように、保育所の連携は、社会制度としての資源（保育や児童福祉に関する法律・制度等）であるフォーマルな資源と、家族、親戚、友人、近隣住民、ボランティア等の人材や営利の企業や組織（塾、お稽古事、家事代行サービス等）といったインフォーマルな資源に分類することができます[2]。つまり、子育て家庭の抱える様々なニーズや課題に対応していくためには、制度や施設・機関、専門職だけではなく、何らかの支えを得ることができるすべてが地域の社会資源といえるでしょう。社会資源である関係機関と地域資源については、第9章で詳しく述べています。

（3）他機関との連携における留意点

保育所は、入所する子どもを保育するとともに、様々な地域の社会資源との連携を図りながら、入所する子どもの保護者支援や地域の子育て家庭に対して、支援等を行う役割を担うものとされています。

保育所保育指針では、「保護者に対する子育て支援は、子どもの育ちを家庭と連携して支援していくとともに、保護者及び地域が有する子育てを自ら実践する力の向上に資する」と記載されています。また、保育所の特性を生かした地域子育て支援拠点事業を展開することが求められています。つまり、個を地域で支える援助が求められ、個を支える地域をつくる支援こそ、保育所の役割といえるでしょう。

一方、連携を行う、他機関とつながっていくことは簡単なことではありません。適切な支援を行っていくためには、つねに円滑な連携が図れるような準備が必要であり、地域の社会資源とのネットワークを構築しておく必要があるでしょう。そのための留意点として以下が挙げられます。

【表②】他機関との連携における留意点

①各機関・施設の機能や専門職の業務内容の把握と共通理解
②連携する機関の特徴や限界の理解
③課題に対する認識と援助目標の共有化
④情報の共有化
⑤専門職相互の役割分担の明確化
⑥機関相互の緊密な連絡調整
⑦子どもや保護者への説明と自己決定の尊重
⑧プライバシーの保護
⑨支援関係者の一員としての役割の明確化
【出典】櫻井奈津子 編集『保育と子ども家庭福祉』みらい、2019年、p.212より、筆者作成

★2　秋田喜代美・馬場耕一郎 監修、矢萩恭子 編集『保育士等キャリアアップ研修テキスト6　保護者支援・子育て支援　第2版』中央法規出版、2020年、p.90

2　専門機関・専門職同士の連携・協働

(1)　地域の資源の活用における保育士の役割

　保育士は、保護者や地域に子育ての力をつけてもらうこと、それにより子どもの利益につなげる役割が求められています。また幼稚園教育要領では、子育ての支援のために関係機関との連携及び協力に配慮しつつ、相談や情報交換や交流の場の提供をするなど、地域を含めた子育て支援のセンターとしての役割を果たすよう明示されています。このように、保育所や認定こども園だけでなく幼稚園においても、子育て支援が求められています。

　保育士がこれらを実現するために保育所保育指針では、ソーシャルワークの専門職との協働で支援を行うこととし、保育士がソーシャルワークの基本的な姿勢や知識、技術等についても理解を深めた上で支援を行うことが望ましいとされています。つまり保育士には、保育ソーシャルワークの専門性をもち日々の保育実践を行うことが求められています。一方で、実際の保育現場では、保育士として専門性以上のことが求められ、なす術なく、立ち往生してしまうような、困難な事案が起こることもあるようです。したがって、保育士等が保育ソーシャルワークの機能を担うための資質向上が課題となっています[3]。

　保育現場に求められている保育ソーシャルワークは、家庭や他機関と「つながる」ことや、家庭と他機関とを「つなぐ」、保護者同士を「つなぐ」行為であります。保育ソーシャルワークにおける「つなぐ」とは、①橋渡し機能、②寄り添い機能、③輪にする機能、④連結機能、⑤持久継続機能、⑥追跡機能と考えられます（小学館国語辞典編集部、2017）。

　このように、保育士の役割は、子どもと保護者のニーズを的確に捉え、保護者の想いを受け止めながら、橋渡しを行うことです。そして、子どもと保護者を中心に他の保育士や関係する他者とも思いを共有しながら、継続的に関わることが必要でしょう。このようにつなぐこと、つながることが保育ソーシャルワークの第一歩であり、人と人とが顔の見える関係でつながり合うことが、連携と協働へ発展します。また、その機能を果たす必須条件は、各人の思いや信頼のつながりであり、常に主役である子どもや保護者の安心感や自己肯定感がスモールステップで積み上げられるように支え、援助する役目が保育士等に求められています[4]。

(2)　つなげることから連携・協働へ

　前項では、子ども・保護者の助けとなる多様な人的・物的・社会資源と支援が地域に備わり、そして支援や社会資源と子ども、保護者が円滑につながれるようなサポートが必要

★3　鶴宏史、中谷奈津子、関川芳孝「保育所における生活課題を抱える保護者への支援の課題−保育ソーシャルワーク研究の文献レビューを通して−」『教育学研究論集第11号』武庫川女子大学大学院、2016年、pp.1-9
★4　澁野順子「保育ソーシャルワークにおける『繋ぐ』機能の担い手の現状と可能性 —TEA（複線径路・等至性アプローチ）による困難事例支援過程の分析—」『大阪総合保育大学紀要』第13号、2019年、pp.51-62

であることが大切であると述べました。子どもや保護者の状況によっては、地域の社会資源や専門職と連携・協働して支援を進める場合があります。

　それでは「連携」や「協働」とはどのようなことをいうのでしょうか。連携の概念に協働が含まれるといった考えや両者はほぼ同じ立場であるといった考えもあります。「連携」と「協働」については、以下のように定義されています。

連携の定義：異なる専門職・機関・分野に属する２者以上の援助者（専門職や非専門的な援助を含む）が、共通の目的・目標を達成するために、<u>連絡・調整等を行い協力関係を通じて協働していくための手段・方法</u>

協働の定義：異なる専門職・機関・分野に属する２者以上の援助者（専門職や非専門的な援助を含む）や時には<u>クライアントをまじえ</u>、共通の目的・目標を達成するために<u>連携を行い活動を計画・実行する協力行為</u>

【出典】鶴光代・津川律子 編『心理専門職の連携・協働』誠信書房、2018年、pp.3-4、下線筆者

　このように連携は「協力関係」であり、協働では「協力行為」としており、「協力」を連携と協働の重要事項としています。

　上記の定義によると集団生活での様子や、健康面や睡眠、食事、家庭での過ごし方等について保育士が看護師と相談し、保護者と情報交換することは、共通の目的を達成するための協働といえるでしょう。暑い日の保育所での対応について保育士が看護師と相談し、その意図を丁寧に伝えていく保育士と保護者との連絡帳でのやりとりは、子どもの健やかな成長と発達を目的とした保育士と看護師、保護者との協力行為です。

　一方、発達に心配がある子どもの発達支援について、保育所での援助や、家庭での養育に共通認識を図りながら子どもの育ちを考えていく場合もあります。保育士と関係機関の専門職、保護者が参集し、子どもの情報を基に、それぞれの場での発達目標や援助方法を話し合い、確認します。このように集団生活である保育の場では、複数の保育士や他職種との情報共有が求められることがあります。上記のような、保育士も含む複数の専門職が子どもの情報を的確に把握し、情報を出し合います。そして、子どもへの援助に対する目標を、保育所、家庭、関係機関で共有し、同じ目標をもって実行していくことが「連携」といえるでしょう。

　このように、特別な配慮が必要な状況に対しては子どもと保護者の最善の利益を共通の目的・目標として、それを達成するために保育士が地域の社会資源である関係機関や専門職と「協力関係」である連携と、「協力行為」となる協働を行うこととなります。

　子どもと保護者の状況によっては、早期に関係機関へつなぐことも重要ですが、まずは保育所ででき得る支援を探り、実践を重ねることが大切になります。その上で、各関係機関・専門家の立場・価値観・実践知・専門的知識の差異を前提としながら情報を共有し、相互に伝え合い、支援の方向性を一致させていくことが重要となります。

　連携・協働は、❶互恵性、❷継続性、❸名づけ合う関係性、❹物語り性の４つが原則であるとされています[5]。

　集団生活のなかでそれぞれの子どもの育ちを見据えた環境づくりを行っていくために、図①に示したように、現在の育ちや経験、発達の状況などを、保護者からの情報、他職種からの情報も共有し、原則に基づいた連携・協働が必要となります。

【図①】保護者と保育士・他機関による連携・協働モデル

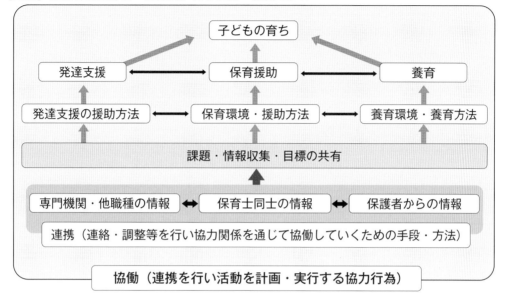

3　他機関との連携・協働の実際

(1)　園内の支援体制の構築

　ここまでは、保育士には保育ソーシャルワークが求められていること、関係機関との連携・協働の重要性について理解してきました。一方で、これらは保育士各個人の判断で行えることではなく、園内でまずは情報を共有し支援の方向性を協議した上で進める必要があるでしょう。

　そのためには、日々の保育実践のなかでの子どもの観察やそれに基づく記録、職員間での情報共有、共通理解に基づき、支援の方向性を一致させておく必要があります。その上で、地域の社会資源を活用し連携・協働していくためには、園内の組織づくりが必要であり、明確な組織があってはじめて、子どもの最善の利益を考慮した組織的な対応が可能になります。以下の事例から、園組織の支援体制と保育士の役割について考えてみましょう。

★5　東京都中央区立有馬幼稚園・小学校、秋田喜代美『幼小連携のカリキュラムづくりと実践事例』小学館、2002年、pp.20-28

📄 **事例①-1**

　1歳8か月のA児は、まだ言葉がなく、視線を合わせようとしない子どもであった。登園したあとも保育室では遊ばず、いつも決まった通路を歩いて幼児棟のトイレに行き、便器や排水溝の中に手を入れて水遊びをしようとするため、それを保育士が止めることが日課であった。そのため、保育士は、A児の興味や関心を踏まえた遊びが経験できるように、環境設定や声がけによる援助を行っていた。担任の保育士は、やや発達が遅れていると認識していたが、ある日、保護者から言葉が遅れているのではないかと連絡帳で相談があった。

(2) 観察と記録の重要性

　事例①-1のA児に対しては、どのような支援が必要でしょうか。まずは保護者からの相談に対して信頼関係を基盤にした上で気持ちを受け止めながらも園での様子を伝えたり、保護者の気持ちや家庭での様子などを聞き取ったりする場が必要となるでしょう。その際には、A児の日々の遊びや生活の様子などを観察し、保育士同士の対話を通じて記録をとっておく必要があるでしょう。担当者間での情報共有を行い、経験豊富な保育士や園長や主任、保育リーダー等と共通理解を図った上、保護者と情報交換を行っていくことになります。

📄 **事例①-2**

　保護者と面談を行ったところ、1歳半健診の際、A児は眠っていたため、保健師等には相談をしなかったとのこと。家庭でもトイレでの水遊びへの関心に、対処ができないこと、父親、母親共に言葉の遅れをかなり心配しているとのことだった。担任保育士は、保護者の意向を受け、関係機関と連携していくことを保護者と確認し合った。園内で情報を共有することの同意を得て、組織内で相談してから、再度、保護者に連絡することとした。

　子どもの気になる様子や保護者からの申し出に対して、担任保育士が一人で対応するのではなく、組織としてどのように報告・連絡・相談するのか、支援の方向性を園内のどの組織で判断し、決定していくのか、連携・協働の役割は誰が行っていくのかをケースに応じて柔軟かつ的確に対応できるように決めておく必要があるでしょう。

　A児の事例では、その後、保護者の方に関係機関を紹介することとなりました。

🖊 **ミニワーク②**

　▶「考えてみよう」

　　子どもの育ちを心配する保護者に関係機関を紹介しますが、事例①-1、2の場合、関係機関に「つなぐ」にあたり、保護者にどのような配慮が必要でしょうか。留意点を考えてみましょう。

📄 **事例①-3**

　　保護者との面談後、園内で支援のためのケース会議が開かれた。そこでは連携先として、自治体の保健師、児童発達支援センター、嘱託医、園が提携する大学の巡回相談が候補として挙がり、保護者に意向をうかがうこととした。保護者は、仕事が忙しいことから、大学の巡回相談を選択した。その後、巡回相談を経て、小児神経を専門とする病院を紹介され、2歳3か月で自閉スペクトラム症と診断された。

　　保護者は、原因がわかり前向きに子育てができると語り、保育士は大学の関係機関と共に個別の指導計画を作成しながら保護者と協働していくこととなった。

（3）関係機関との連携・協働の継続

　先の事例①にあるように、関係機関と連携・協働していくためには、日々の子どもの観察・記録・整理、園内の相談支援体制の構築、保護者の意向を踏まえた判断が重要となります。また事例①のように、子どもへの支援の必要性を保護者に伝える際には、支援の方向性や選択肢が園内にあり、機関同士が援助し合える関係性があることが必要です。

　そして、関係機関につないだ後も、関係機関と共に個別の指導計画を作成し、保護者と協働しながら、事後の情報を共有し合っています。まさに支援のネットワークとして保育所と保育士がその役割を明確に担っている事例であると考えられます。

　一方で、事例①では、連携先の種別が大学でしたが、発達支援を考慮すると児童発達支援センターでの支援といったフォーマルな資源や保護者への情報提供や仲間づくりといったインフォーマルな資源との連携も必要な場合があります。また、ライフステージに応じて必要な支援も変わってきます。学校教育への移行の際には、就学先の学校や自治体の学校教育課等の教員や行政職、福祉機関の職員や保健機関の保健師等の専門職との情報共有が必要になります。また、特別児童手当や療育手帳の交付などの制度が必要な場合には、自治体の窓口、児童相談所との連携が必要となるでしょう。

　就学前においても子どもと保護者のライフステージを見据えた支援を考慮する必要があり、そのためにも複数の種別の地域資源に対する理解と活用方法を理解しておく必要があるでしょう。

4 連携・協働を支える保育士の資質の向上

(1) 研修の必要性

　保育現場の課題は複雑化・多様化しています。また、未曾有の自然災害や新型コロナウイルス等、我々がこれまで経験したことのない想定外の出来事が起こっています。また、Society 5.0[6]で実現する社会は、IoT（Internet of Things）、人工知能（AI）により、必要な情報が必要な時に提供されるようになり、Technologyの急激な進歩があります。このような社会構造の変化は、子どもと保護者の生活に大きな影響を与え、現在の課題は普遍的ではなく、新たな課題も出てくることが想定されます。

　一方、働き方改革や保育士不足等々、保育士の働き方の合理化が進むなかでも、保育士は専門性を高めるための学びの機会をもっていく必要があります。様々な変化に対応するためには、他機関とのより一層の連携・協働が求められることとなるでしょう。

　そのために必要となるのが、自己研鑽となる研修でしょう。また、園内においても組織的な研修体制を構築し、それを持続、継続していくことが必要になるでしょう。有機的な研修体制の構築には、世代間ギャップや苦手意識を補いながら、保育士同士が関わりをもつことが大切でしょう。また、多様な職員、各保育士の特性を生かした同僚性で支えることが必要であると考えられます[7]。

(2) 園内研修を支えるマネジメントとリーダーシップ

　近年は、保育におけるリーダーシップに関心が高まっており、その一つのモデルとして、リーダーが単独で運営、計画、指示を行い、他の職員はそれに従う、「階層型リーダーシップ」（図②）があります。虐待等の緊急事態の発生や、スピード感をもって対応しなければならないとき、リーダーシップの集約によってトップの判断によって対応を即座に決め、迅速な対応を行う利点もあります。

【図②】階層型リーダーシップ

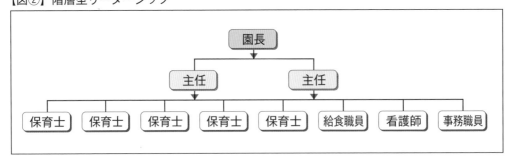

★6　Society 5.0とは、サイバー空間（仮想空間）とフィジカル空間（現実空間）を高度に融合させたシステムにより、経済発展と社会的課題の解決を両立する、人間中心の社会（Society）。【内閣府より】
★7　齊藤勇紀・中野啓明『保育を支えるカリキュラムマネジメントの理論と実践』ウエストン、2020年、pp.26-27

【図③】分散型リーダーシップ

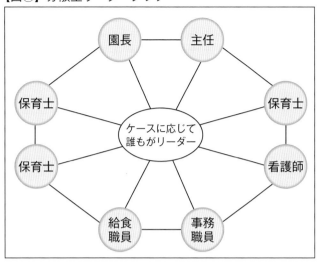

　一方、リーダーが組織のあらゆるレベルで出てくる非階層的で柔軟な「分散型リーダーシップ」（図③）のモデルが示されています。「分散型リーダーシップ」では、上下関係はありません。トップのリーダーがすべてを決定するのではなく、横のつながりによっていろいろな可能性を検討していきます。たとえば、発達が気になる子どもの保育について、園全体で子どもへの柔軟な対応を意識統一するとします。そうした場合、子どもに直接関わっているクラス担任がリーダーとなり、その場で判断したり予測したりし、援助していく必要があります。子どもの様子にあわせて、柔軟にいろいろなことに対応していく。こうした柔軟なリーダーシップが、保育の現場では親和性が高いとされています。

　先の事例①で示したとおり、他機関との連携・協働においても上記の二つのモデルが活用されています。また、園内研修のなかから課題を抽出し、課題解決を図るなかで専門性を向上させるためにも必要となるモデルです。したがって、この二つのリーダーシップモデルは、両方が必要であり、園内の相談支援体制の構築、保護者の意向を踏まえた判断を行っていく際にも状況に応じて活用していくことになります。

　園内研修の形態や方法としては、園長や主任などの経験豊富な保育士が、他の保育士に一方向的に知識・技術・情報等を伝える「伝達型」園内研修と経験年数等を問わず相互に対話を行う「協働型」園内研修の二つに大別しています。「伝達型」園内研修は、即座に園全体の意思統一を図ることが可能であり、「協働型」研修は、組織のチームワークの形成に効果的であるとされています[8]。

　また組織全体に対する知識・技術の伝達拡大を促進する方法として、保育士と外部専門家が協働して実施する「循環型」研修も、その効果が示されています[9]。

★8　中坪史典『保育を語り合う協働型園内研修のすすめ—組織の活性化と専門性の向上に向けて—』中央法規出版、2018年、pp.2-4
★9　齊藤勇紀、有川宏幸、土居正城「児童発達支援事業における保育者の力量を高めるための研修会のあり方——「循環型」研修会における参加者の療育に対する関心の変化の検討を通して——」『学校メンタルヘルス、21（1）』日本学校メンタルヘルス学会、2018年、pp.117-128

　子どもの最善の利益を考慮し、地域の資源の活用と自治体・関係機関との連携・協力を行っていくためには、保育士個々の専門性の向上と組織レベルでの職能成長が求められるでしょう。

　園内研修を実施していくためには園長や主任等の管理職による「マネジメント」と「リーダーシップ」が求められています。マネジメントとリーダーシップは両輪であり、有能なリーダーが存在するだけでは効果的な研修にはならず、そこにマネジメントがしっかりと機能することで、保育士同士が育ち合う風土を構築します。

　このことは、図②、③にも示したように、リーダーシップだけではなく、そこにはマネジメントもしっかりと噛み合うなかで、組織の歯車が合い、保育士の深い学びにつながっていきます。

PART
3

子育て家庭に対する支援の体制

ねらい ：子育て家庭に対する支援の体制について理解する。

第 9 章
子育て家庭の福祉を図るための社会資源

第 10 章
子育て支援施策・次世代育成支援施策の推進

第9章
子育て家庭の福祉を図るための社会資源

ねらい ・子育て支援に関わる社会資源とは何かを理解する。
・子育て家庭の福祉を図るための社会資源の活用の仕方について説明できる。

1 社会資源とは

　現在、我が国の子育て家庭は様々な問題を抱えています。また、その問題も家庭によって異なり、それぞれの家庭に合わせた支援が必要となっています。保育士は多種多様な問題を抱えている家庭に対してそれぞれに合った適切な支援を行っていくことが求められます。そのために、保育士は子育て支援に関わる社会資源について理解しておく必要があります。社会資源とは、生活のなかにある課題の解決や生活向上を図るために使われる物的・人的資源や社会サービス、資金や法律、制度、情報などを指します。たとえば、地域にある行政機関や保育士をはじめとする専門職、サービス、制度や自分の周りにいる家族・友人、近所の住民、ボランティアなど様々なものが含まれます。保育士は、地域にどのような活用できる社会資源があるのか、また、どの程度あるのかを把握し、子育て家庭への支援のために活用していく必要があります。

　上記に挙げた社会資源は、第8章 p.94 でも述べていますが大きく二つに分けることができます。一つはフォーマルな社会資源、もう一つはインフォーマルな社会資源です。それぞれの社会資源について、詳しくみていきましょう。

2 フォーマルな社会資源

　フォーマルな社会資源とは公的な社会資源ともいい、公的な制度に基づいた社会資源のことを指します。比較的安価、または自己負担なく安定的に一定の質を保ったサービスが供給できることが特徴です。フォーマルな社会資源を一覧にまとめたものが表①です。ここには、保育士として理解しておくべき社会資源をまとめてあります。表①を見るとわかるとおり、フォーマルな社会資源は公的な制度に基づいた社会資源と説明したように、行政によって実施されているものが多くあります。多くの子育て家庭は、自分の住んでいる地域にどのような社会資源があり、どこに申し込みをすれば利用できるのかを理解していないことが多いです。一つずつどのような資源なのか理解し、子育て家庭と資源を結びつける橋渡しを保育者が支援できるように、その地域にどのような社会資源があり、どう活用すればよいのかを把握しておきましょう。

【表①】フォーマルな社会資源

種類	社会資源
行政による専門機関	市町村役所 児童相談所 福祉事務所（家庭児童相談室） 保健所・市町村保健センター 家庭裁判所 子育て世代包括支援センター 児童家庭支援センター 婦人相談所（配偶者暴力相談支援センター） 警察　　　…など
行政や民間によるもの	児童福祉施設 保育所 認定こども園 地域型保育事業 幼稚園 学校 子育て支援センター 病院 地域子ども・子育て支援事業　　…など
経済的な社会資源	児童手当 児童扶養手当 特別児童扶養手当・障害児福祉手当 生活保護 母子父子寡婦福祉資金　　…など
人的資源	児童委員 主任児童委員　　…など

【出典】内閣府『子ども・子育て支援新制度 なるほどBOOK（平成28年4月改訂版）』を参考に作成

（1）行政による専門機関

①役所・役場（市町村）

　役所・役場は、地方公共団体が行う公の事務を執り行う場所です。様々な業務を役所・役場は担っていますが、子どもに関連した業務もそのなかに含まれています。役所・役場は、保育所や認定こども園等の管理を行うだけではありません。2004年（平成16）の児童福祉法の改正に基づき、市町村は子どもや家庭に関する相談に対応することになっています。児童相談所が専門性の高いケースを対応し、市町村の役所・役場で対応できるものは市町村が対応しています。

②児童相談所

　児童相談所は、児童福祉法第12条に基づき都道府県・政令指定都市に必ず設置することとされており、中核市と政令で定める市にも設置されている行政機関です。児童相談所は「市町村と適切な役割分担・連携を図りつつ、子どもに関する家庭その他からの相談に応じ、子どもが有する問題又は子どもの真のニーズ、子どもの置かれた環境の状況等を的確に捉え、個々の子どもや家庭に最も効果的な援助を行い、もって子どもの福祉を図ると

ともに、その権利を擁護すること」[1]を目的としています。

　児童相談所が行う業務は、相談の受付、調査、診断、判定、一時保護等による援助方針に基づいて、子ども・保護者・関係者等に対して指導、措置などの援助を行うことです。児童相談所が受け付ける相談の種類は、大きく分けると養護相談、障害相談、非行相談、育成相談、その他に分けることができます。とくに近年多くなってきているのが養護相談です。養護相談の内容には、子どもの虐待に関する相談が含まれます。年々増えている虐待の件数と比例して、児童相談所が受け付ける養護相談の数も増えてきています（第1章 p.17）。

　児童相談所に配置されている職員は、所長、児童福祉司、児童心理司、医師（精神科医・小児科医）、相談員、児童指導員及び保育士（一時保護所）などが置かれています。主に児童福祉司が相談、調査、判定、一時保護などの業務の中心を担っています。

③福祉事務所（家庭児童相談室）

　福祉事務所は、社会福祉法第14条において都道府県及び市（特別区を含む）は福祉に関する事務所を設置しなければならないと規定されています（町村は任意設置）。また、福祉事務所は社会福祉六法（生活保護法、児童福祉法、母子及び父子並びに寡婦福祉法、老人福祉法、身体障害者福祉法、知的障害者福祉法）に関する援護、育成又は更生の措置に関する事務を業務として取り扱っています。福祉事務所の一部には家庭児童相談室が設置されています。家庭児童相談室は、福祉事務所における子どもや家庭に関する相談機能をより強化・充実させるために設置されているものです。そこでは家庭相談員が非常勤で配置されており、相談等に対応しています。

　福祉事務所では多くの業務を社会福祉主事が担っていますが、母子・父子自立支援員が配置されており、ひとり親家庭への相談に応じ、その自立に必要な情報提供及び指導を行うこととされています。

④保健所・市町村保健センター

　保健所は、地域保健法第5条において都道府県・指定都市・中核市・特別区に設置することとされています。また、市町村は市町村保健センターを設置することができるとされており、地域住民に対して健康相談、保健指導、健康診査、その他地域保健に関し必要な事業を行います。保健所は公衆衛生を中心に専門性の高い業務を取り扱い、市町村保健センターは地域住民に密着した健康的な生活を送るための支援を行っています。

　保健所の業務内容は、地域保健法において母性及び乳幼児並びに老人の保健に関する事項など14の事業が挙げられています。様々な業務を担っていますが、とくに子どもに関連する業務としては母性及び乳幼児に関する業務があります。市町村保健センターでは、乳児家庭全戸訪問事業や妊産婦・乳幼児の健康診査、母子健康手帳の交付などを行っています。

---

[1]　厚生労働省『児童相談所運営指針　第1章第1節1（1）』

⑤家庭裁判所

　家庭裁判所は、各都道府県県庁所在地並びに一部の市の合計 50 か所に設けられており、主に家庭に関する事件（離婚などの夫婦、親族間の紛争や親権停止や養子縁組の許可などの審判や調停）、少年事件の審判などを取り扱っています。家庭裁判所には、家庭裁判所調査官が置かれており、様々な事件の調査を行い、家庭内の紛争の原因や少年が非行を行うに至った原因（動機、原因、生育歴、性格、生活環境など）を調査し、その解決方法を検討し裁判官に報告します。

⑥子育て世代包括支援センター

　子育て世代包括支援センターは、「妊産婦・乳幼児等の状況を継続的・包括的に把握し、妊産婦や保護者の相談に保健師等の専門家が対応するとともに、必要な支援の調整や関係機関と連絡調整するなどして、妊産婦や乳幼児等に対して切れ目のない支援」[2]を行います。2016 年の母子保健法改正により新たに定められ設置されることとなった機関です。2020 年（令和 2）4 月 1 日現在、1,288 の市区町村で 2,052 か所設置がされています[3]。

⑦児童家庭支援センター

　児童家庭支援センターは児童福祉法に定められている児童福祉施設の一つで、1997 年（平成 9）の児童福祉法改正により創設された施設です。「地域の児童の福祉に関する各般の問題につき、児童に関する家庭その他からの相談のうち、専門的な知識及び技術を必要とするものに応じ、必要な助言を行うとともに、市町村の求めに応じ、技術的助言その他必要な援助を行うほか、（略）指導を行い、あわせて児童相談所、児童福祉施設等との連絡調整その他厚生労働省令の定める援助を総合的に行う」施設です。乳児院や児童養護施設等に設置されており、地域で生活している子育て家庭等が抱えている問題等の相談に対応し、助言や指導を行っています。児童相談所や児童福祉施設等とも連携し、援助を行っています。2015 年（平成 27）10 月 1 日現在、全国に 109 か所設置がされています[4]。

⑧婦人相談所

　婦人相談所は売春防止法第 34 条に基づき、各都道府県に必ず設置されています。婦人相談所では要保護女子の相談に応じ、必要な調査や医学的、心理学的及び職能的判定を行い、必要な指導を行います。また、保護が必要な状態であれば一時保護を行うこともできます。婦人相談所は売春を行うおそれのある女性や DV の被害に遭っている女性の保護・更生を行う機関です。相談に応じたり、必要な調査や判定、指導を行ったりしています。女性の置かれている状況に応じて、必要であれば一時保護も行います。

　婦人相談所は配偶者暴力相談支援センターの機能も果たしており、配偶者暴力相談支援

★2　厚生労働省『子育て世代包括支援センター業務ガイドライン』平成 29 年 8 月、p.4
★3　厚生労働省『子育て世代包括支援センターの実施状況（2020.4.1 時点：母子保健課調べ）』2020 年 8 月 31 日、https://www.mhlw.go.jp/content/11900000/000662087.pdf
★4　厚生労働省　家庭福祉課調べ『児童家庭支援センターに関する資料』

センターは、婦人相談所も含め、2020年（令和2）4月1日現在292か所（うち市町村設置主体：119か所／内閣府男女共同参画局調べ）設置されています。

(2) 行政と民間によるもの

①児童福祉施設（保育所・認定こども園含む）

　児童福祉施設とは児童福祉法第7条に規定されている12種類の施設です。表②に児童福祉施設の一覧をまとめてあります。そこには保育所や認定こども園、先ほど説明した児童家庭支援センターも児童福祉施設に含まれます。児童福祉施設は「児童福祉施設の設備及び運営に関する基準」に基づき施設の設備や環境、職員配置等が整えられています。

【表②】児童福祉施設一覧

施設名	利用形態	根拠法 （児童福祉法）	目的
助産施設	入所	第36条	保健上必要があるにもかかわらず、経済的理由により、入院助産を受けることができない妊産婦を入所させて、助産を受けさせる
乳児院	入所	第37条	乳児（保健上、安定した生活環境の確保その他の理由により特に必要のある場合には、幼児を含む。）を入院させて、これを養育し、あわせて退院した者について相談その他の援助を行う
母子生活支援施設	入所	第38条	配偶者のない女子又はこれに準ずる事情にある女子及びその者の監護すべき児童を入所させて、これらの者を保護するとともに、これらの者の自立の促進のためにその生活を支援し、あわせて退所した者について相談その他の援助を行う
保育所	通所	第39条	保育を必要とする乳児・幼児を日々保護者の下から通わせて保育を行う
幼保連携型認定こども園	通所	第39条の第2項	義務教育及びその後の教育の基礎を培うものとしての満3歳以上の幼児に対する教育及び保育を必要とする乳児・幼児に対する保育を一体的に行い、これらの乳児又は幼児の健やかな成長が図られるよう適当な環境を与えて、その心身の発達を助長する
児童厚生施設	利用	第40条	児童遊園、児童館等児童に健全な遊びを与えて、その健康を増進し、又は情操をゆたかにする
児童養護施設	入所	第41条	保護者のない児童（乳児を除く。ただし、安定した生活環境の確保その他の理由により特に必要のある場合には、乳児を含む。以下この条において同じ。）、虐待されている児童その他環境上養護を要する児童を入所させて、これを養護し、あわせて退所した者に対する相談その他の自立のための援助を行う
福祉型障害児入所施設	入所	第42条の第1号	保護、日常生活の指導及び独立自活に必要な知識技能の付与を行う
医療型障害児入所施設	入所	第42条の第2号	保護、日常生活の指導、独立自活に必要な知識技能の付与及び治療を行う
福祉型児童発達支援センター	通所	第43条の第1号	日常生活における基本的動作の指導、独立自活に必要な知識技能の付与又は集団生活への適応のための訓練を行う
医療型児童発達支援センター	通所	第43条の第2号	日常生活における基本的動作の指導、独立自活に必要な知識技能の付与又は集団生活への適応のための訓練及び治療を行う

児童心理治療施設	入所通所	第43条の第2項	家庭環境、学校における交友関係その他の環境上の理由により社会生活への適応が困難となった児童を、短期間、入所させ、又は保護者の下から通わせて、社会生活に適応するために必要な心理に関する治療及び生活指導を主として行い、あわせて退所した者について相談その他の援助を行う
児童自立支援施設	入所通所	第44条	不良行為をなし、又はなすおそれのある児童及び家庭環境その他の環境上の理由により生活指導等を要する児童を入所させ、又は保護者の下から通わせて、個々の児童の状況に応じて必要な指導を行い、その自立を支援し、あわせて退所した者について相談その他の援助を行う
児童家庭支援センター	利用	第44条の第2項	地域の児童の福祉に関する各般の問題につき、児童に関する家庭その他からの相談のうち、専門的な知識及び技術を必要とするものに応じ、必要な助言を行うとともに、市町村の求めに応じ、技術的助言その他必要な援助を行うほか、指導を行い、あわせて児童相談所、児童福祉施設等との連絡調整その他援助を総合的に行う

②地域型保育事業

2015年度（平成27）から始まった子ども・子育て支援新制度の「地域型保育給付」の対象となる「家庭的保育事業」、「小規模保育事業」、「居宅訪問型保育事業」、「事業所内保育事業」の4つの事業（表③）のことを指します。0～2歳の20人未満の子どもたちの保育を行います。

【表③】地域型保育事業

事業名	子どもの人数	内容
家庭的保育	5人以下	家庭的な雰囲気のもとで、少人数対象にきめ細かな保育を行う。
小規模保育	6～19人	少人数を対象に、家庭的保育に近い雰囲気のもと、きめ細かな保育を行う。
居宅訪問型保育	1人	障害・疾患などで個別のケアが必要な場合や、施設が無くなった地域で保育を維持する必要がある場合などに、保護者の自宅で1対1の保育を行う。
事業所内保育	定めはない。※ただし、20人以上の場合は保育所の基準で実施	会社の事業所の保育施設などで、従業員の子どもと地域の子どもを一緒に保育する。

【出典】内閣府『子ども・子育て支援新制度 なるほどBOOK（平成28年4月改訂版）』を参考に作成

③幼稚園

幼稚園は学校教育法第22条に基づき「義務教育及びその後の教育の基礎を培うものとして、幼児を保育し、幼児の健やかな成長のために適当な環境を与えて、その心身の発達を助長すること」を目的とした学校の一つです。幼稚園は幼稚園教育要領第3章2に示されているように、子どもの保育だけではなく、地域の人たちに対して幼児期の教育に関して相談に応じたり、情報を提供したり、保護者同士が交流をもてるような機会を提供するなどの役割を果たすことが求められています。心理学や保健など様々な専門家の方や関係機関と連携しながら取り組んでいます。「その際、心理や保健の専門家、地域の子育て経験者等と連携・協働しながら取り組むよう配慮するものとする。」（「幼稚園教育要領」第3章2子育て支援より）とされています。

④地域子ども・子育て支援事業

　地域子ども・子育て支援事業は、これまでの子育て支援事業を子ども・子育て支援法によって改めて位置付けしたものです。子ども・子育て支援法第59条に「市町村子ども・子育て支援事業計画に従って、地域子ども・子育て支援事業として」と位置付けられており、市町村が地域の実情に応じ、市町村子ども・子育て支援事業計画に従って実施する13事業のことです（詳細は第13章参照）。

（3）経済的な社会資源

①児童手当

　児童手当は「児童を養育している者に児童手当を支給することにより、家庭等における生活の安定に寄与するとともに、次代の社会を担う児童の健やかな成長に資すること」（児童手当法第1条）を目的としている制度です。子どもが中学校修了まで（15歳に達した後、最初の3月31日まで）の児童を養育している者に支給されます。金額は右の表④のように決められた額が支給されます。年3回（6月、10月、2月）に分けて支給されます。

【表④】児童手当支給金額

児童の年齢	児童手当の額（一人あたり月額）
3歳未満	一律15,000円
3歳以上小学校修了前	10,000円（第3子以降は15,000円）
中学生	一律10,000円

※児童を養育している方の所得が所得制限限度額以上の場合は、特例給付として月額一律5,000円を支給します。
※「第3子以降」とは、高校卒業まで（18歳の誕生日後の最初の3月31日まで）の養育している児童のうち、3番目以降をいいます。
【出典】内閣府HP『児童手当制度のご案内』（2020年度）
　　　　https://www8.cao.go.jp/shoushi/jidouteate/annai.html

②児童扶養手当

　児童扶養手当制度は「父又は母と生計を同じくしていない児童が育成される家庭の生活の安定と自立の促進に寄与するため、当該児童について児童扶養手当を支給し、もつて児童の福祉の増進を図ること」（児童扶養手当法第1条）を目的としている制度です。金額は右の表⑤のとおりです。2か月分ずつ年6回に分けて支給されます。

【表⑤】児童扶養手当支給額

児童数	満額	一部受給（月額）
1人目	43,160円	43,150円〜10,180円
2人目	10,190円	10,180円〜5,100円
3人目以降	6,110円	6,100円〜3,060円

※一部受給は所得に応じて手当の一部を受給する
【出典】厚生労働省HP（2020年度）、
　　　　https://www.mhlw.go.jp/content/000637438.pdf

③特別児童扶養手当・障害児福祉手当

　特別児童扶養手当・障害児福祉手当は、精神または身体に障害のある児童を養育している家庭に対して手当を支給することで、障害のある児童の福祉の増進を図ることを目的として制定されている制度です。特別児童扶養手当は20歳未満で精神または身体に障害の

ある児童を家庭で監護、養育している父母等に支給されます。金額は右の表⑥にあるとおり、障害の等級によって額が定められています。4月、8月、11月の3回に分けて支給されます。

【表⑥】特別児童扶養手当金額（2020年4月から）

等級	金額（月額）
1級（重度障害児）	52,500円
2級（中度障害児）	34,970円

※受給資格者（障害児の父母等）もしくはその配偶者又は生計を同じくする扶養義務者（同居する父母等の民法に定める者）の前年の所得が一定の額以上であるときは、手当は支給されません。
【出典】厚生労働省HPを参考に作成、https://www.mhlw.go.jp/bunya/shougaihoken/jidou/huyou.html

　障害児福祉手当は、精神または身体に重度の障害があるため、日常生活において常時介護を必要とする状態にある在宅の20歳未満の障害児に支給されます[5]。金額は 14,880 円（月額）で2月、5月、8月、11月に支給されます。受給資格者（重度障害児）、配偶者又は受給資格者の生計を維持する扶養義務者（同居する父母等の民法に定める者）の前年の所得が一定の額を超えるときには手当は支給されません。

④生活保護

　生活保護制度は「日本国憲法第二十五条に規定する理念に基き、国が生活に困窮するすべての国民に対し、その困窮の程度に応じ、必要な保護を行い、その最低限度の生活を保障するとともに、その自立を助長すること（原文ママ）」（生活保護法第1条）を目的とした制度です。すべての国民が最低限度の生活が送れるように、現金支給また現物支給（サービスなど）が行われます。生活を営む上で必要な費用に対して扶助を行い、その種類は生活扶助、住宅扶助、教育扶助、医療扶助、介護扶助、出産扶助、生業扶助、葬祭扶助となっています。医療扶助と介護扶助のみ原則現物支給が行われます。

⑤母子父子寡婦福祉資金

　母子父子寡婦福祉資金は、20歳未満の児童を扶養しているひとり親家庭の母親もしくは父親、または寡婦等が経済的自立や、子どもの福祉の増進のために必要な資金を貸付することができる制度です。事業に関する資金や技能習得資金、修業資金など様々な種類の資金の貸付があります。

（4）人的資源

　フォーマルな社会資源のなかには人的な資源もあります。それは公的な制度のもとに設置されている専門職等を指します。たとえば、保育士や社会福祉士、医師、保健師など様々です。これまで見てきた専門機関等に専門職が配置されています。ここでは人的資源のなかでも民間の奉仕者である児童委員・主任児童委員について説明をします。児童委員は、児童福祉法第16条に基づき各市町村の区域ごとに配置がされており、民生委員も兼ねています。自分の担当区域の子どもや子育て家庭の様子について把握し、保護者に必要であ

★5　厚生労働省HP『障害児福祉手当について』https://www.mhlw.go.jp/bunya/shougaihoken/jidou/hukushi.html

れば情報を提供し、支援につないでいく役割等を担っています。主任児童委員は、子どもに関することを専門的に取り扱う一部の児童委員のことを指しています。

3 インフォーマルな資源

　インフォーマルな社会資源は、公的な制度に基づいた社会資源とは異なり、主に子どもや保護者が住んでいる地域等にある人的資源が中心となります。NPO 法人や自分の家族や友人、親戚、近隣住民、ボランティアなどが該当します。地域の住民が組織をつくり実施しているような子ども食堂や子育てサークル、町内会や子ども会などもインフォーマルな社会資源に当てはまります。直接的に子どもに関わる資源をみてみましょう。

(1) 子ども食堂

　子ども食堂は、親が働いていていつも一人で食事をしている子どもや、貧困でバランスのとれた食事をとることができていない子どもに向けて、NPO 法人や地域住民のボランティアなどが主体となって無料や低額の料金で食事を子どもたちに提供する場です。子どもたちだけではなく、保護者も一緒に食事をとることができるようになっているところもあります。子どもたちはおいしい食事をとり、他の子どもたちやスタッフの大人たちと一緒に楽しく会話しながら食事をとることができます。また、食事だけではなく、子どもたちが集う居場所づくりの役割も果たしています。食事の時間よりも早くから子どもたちが集まり、一緒に遊ぶことができるようになったり、スタッフに相談したりすることができるような取り組みを行っていることもあります。子ども食堂の活動は徐々に全国に広がり、現在では全国に 3,718 か所の子ども食堂が運営されていることが明らかとなっています★6。

(2) 子育てサークル（育児サークル）

　保護者同士が子育てに関する情報交換や互いの育児の協力をしたり、子どもが友達に出会える機会を得たりできるサークルのことです。育児サークルと呼ばれる場合もあります。近所の親たちで運営し、気軽に参加し、交流できるような場が提供されています。子育てサークルは各自治体や幼稚園、保育所等が運営（主催）している場合もあります。

★6　NPO法人「全国こども食堂支援センター・むすびえ」2019年調べ

（3）子育てサロン

　保護者が子育ての悩みを相談したり、お互いに情報交換したりできる仲間づくりや子どもたち同士の遊び場を提供することを目的としている集まりのことです。地域の社会福祉協議会や児童委員、ボランティアなどが主催したり、自治体が創設、共催、委託して運営したりしています。

（4）家庭訪問型子育て支援「ホームスタート」

　家庭訪問型子育て支援「ホームスタート」は、6歳未満の未就学児がいる家庭に、研修を受けた子育て経験者が家庭を訪問し、「傾聴」（気持ちを受け止めながら話を聴く）、「協働」（親と一緒に家事や育児、外出などを行う）をするボランティア活動のことです。定期的に家庭を訪問し、親の心の安定を図り、子育てへの支援を行っています。

（5）子ども会

　子ども会とは、自治会単位で組織されることが多く、季節に合わせた行事や清掃活動、夏休みのラジオ体操などの活動を行っています。子どもたちにとっては、近所に住む異年齢の子どもたちと関わりをもつことができる貴重な機会となっています。近年では少子化の影響もあり、子ども会の数が減少してきています。

◆ ミニワーク①

　▶「作成してみよう」
　　自分の住んでいる地域にある子育て支援に関する社会資源を調べ、子育て支援マップを作成してみよう。
　【作成のヒント】
　・自治体のホームページ等から、子育て支援に関しての社会資源を探してみよう。
　・子育て家庭が手に取れるようなマップを作成しよう（イラストなどを入れてみよう）。

第10章
子育て支援施策・次世代育成支援施策の推進

> **ねらい** ・日本の子育て支援施策と地方自治体の役割を理解できる。
> ・社会経済の変化に伴う現在の日本の子育て施策を説明できる。

1 子ども・子育て支援における国と地方自治体の役割

(1) 国と地方自治体の役割

　近年は、政府による少子化対策により、子ども・子育て支援が拡充されています。国は、法制度の創設・改正、全国統一的な指針や基準の作成、必要な予算の確保等、制度の枠組みと基盤づくりを行うことが役割になります。

　一方、都道府県や、住民に最も身近な地方自治体である市町村が施策を実施します。地域住民に対して、そのニーズに応じながら、家庭・個人への直接給付、妊娠・出産支援、母子保健・小児医療体制の充実、保育・学童保育の充実、子育てのための住宅整備、働き方の見直し、ワーク・ライフ・バランスの促進など、子育て支援施策の多くが、地方自治体、とくに市町村を中心に実施されています。

(2) 子ども・子育て支援における国と地方自治体の施策

　児童福祉法によれば、すべて児童は、児童の権利に関する条約の精神に則り、適切に養育されること、その生活を保障されること、愛され、保護されること、その心身の健やかな成長及び発達並びにその自立が図られることその他の福祉を等しく保障される権利を有しています（第1条）。それに対して、保護者は責任を負うものとされていますが、国及び地方公共団体も、児童の保護者と共に、児童を心身ともに健やかに育成する責任を負うこととされています（第2条第3項）。同法はまた、国及び地方公共団体は、児童が家庭において心身ともに健やかに養育されるよう、児童の保護者を支援しなければならないとも述べています（第3条の2）。

　このように、子ども・子育て支援において、国及び地方自治体は、子どもを心身ともに健やかに育成し、かつ、子どもの保護者とその家庭を支援する責任を負っています。そして、児童福祉政策等はその責任を果たすために立案されます。政策に基づく具体的な施策[1]は、児童福祉法、児童扶養手当法、特別児童扶養手当等の支給に関する法律、母子

---

[1] 「政策」とは、政府などが施政上の方針や方策を指すこと。「施策（しさく）」とは、自治体等が主体となって行う諸策のこと。たとえば、「出生率を上げる」という「政策」が出た場合には、自治体は「保育所を増やし、待機児童をなくす」といった「施策」を行う。

及び父子並びに寡婦福祉法、母子保健法、児童手当法からなるいわゆる児童六法などを根拠としています。主要な制度として、児童手当や児童扶養手当など子どもを育てる世帯への所得保障、保育・学童保育サービス、地域子育て支援センター事業、児童福祉施設のサービス等があります。

2　児童福祉施策を取り巻く変化

(1)　社会や経済の変化と子育て

これまでの時代背景により社会や経済状況の変化が生じてきました。これにより、児童福祉施策も大きく移り変わってきました。従来、日本を含む多くの国では、男性優位の社会制度により、男性が労働市場の主体となって参加し、所得を得ていました。一方、女性は家に残り、家事や育児などの労働に従事するという性別役割分業が一般的な家族像でした。

🖊 ミニワーク①

▶ 「調べてみよう」

　専業主婦が家族構成の大多数を占めていた頃の児童福祉施策ではどんなことが重視されていたと考えますか？

【考え方のヒント】

・父親が病気で働くことができなくなり、家庭の所得が激減した場合、どのような援助が必要となるでしょうか。

・家庭に重度の障害がある子どもが生まれたとき、養育者に対してどのような援助が必要となるでしょうか。

専業主婦の多かった時代の児童福祉政策は、「生活が困窮した世帯」や「家族による保育を受けることができない子どもの養護」の支援が目的でした。政府は、子どもの育ちの条件が適切に確保されない場合を中心として、福祉的施策を検討し、提供してきました。

20世紀後半には、ジェンダー平等★2の考えが推進され、女性が、自身のライフコースを選択する自由をもつことを求める声が高まってきました。育児等の家庭内の負担を女性だけではなく、社会で支えること、男性も担えるといったワーク・ライフ・バランスの改善が求められるようになりました。

世界における産業は、第3次産業経済への転換が進み、より多くの雇用者が必要となりました。このことから、労働市場への女性の参画が促されていきました。女性の社会進出

★2　ジェンダーとは、男性・女性であることに基づき定められた社会的属性や機会、女性と男性、女児と男児の間における関係性、さらに女性間、男性間における相互関係を意味します。【出典】UN Women日本事務所、https://japan.unwomen.org/ja

が進むことで、共働き世帯の増加とともに、出産や育児による離職、労働時間減少による所得喪失、貧困化が問題となりました。このことから、子育ての社会化が求められ、家族手当の拡充や、出産・育児休業の充実といった子育て世帯の所得保障が求められるようになってきました。

　また、多くの国で、出生率の低下といった人口動態の変化が起き、出生率をいかに引き上げるかが課題となりました。このような課題に対して、出生率の引き上げを目的とした政策が図られていきます。このように社会や産業の構造の変化から、先進国では少子化が重要な課題となり、それを打開する必要ができてきました。

　出生率低下の要因は多様ですが、出産・育児の経済的負担の緩和、女性の仕事と家庭への両立支援、保育の量の拡充が解決策として提案されています。

　以上のように、日本だけでなく各国でもこうした社会状況の変化に対応して、それぞれ特有の条件の下で、多様な児童福祉政策を進展させています。日本では、主に女性が担い、無償労働とみなされていた子どもの育児は、家庭内から社会化されたサービスへと変化してきています。また、従来のような適切な成育環境にない子どもの福祉にとどまらず、幅広い世帯の子どもやその保護者を対象とする支援へと変化してきています。

　さらに、子育てを担う家庭への支援も重視され、親のワーク・ライフ・バランスの改善を目指す取り組みも、子育て支援として位置づけられるようになっています。このような観点から、現在日本では、児童手当の拡充や、育児にかかる経済的負担の緩和、出産・育児休業、短時間勤務制度、保育の量的拡大・確保、教育・保育の質的改善、地域子育て支援拠点事業や放課後児童クラブ等の普及といった具体的な施策や取り組みが行われています。

(2) 子ども・子育て支援新制度までの施策の流れ

　前項では、社会や経済状況の変化から、児童福祉施策がどのように移り変わってきたのかを概観しました。日本では、少子化が社会問題として注目されるようになってから、どのような子ども・子育て支援施策が展開されてきたのでしょうか。図①子育て支援対策の経緯とともに施策の流れをみていきましょう。

①エンゼルプランと新エンゼルプラン

　少子化が社会問題として取り上げられるきっかけになったのは、1990年（平成2）の1.57ショック[3]でした。政府は少子化問題の解消に向け、1994年（平成6）12月、文部・厚生・労働・建設省4大臣（当時の名称）の合意により「今後の子育て支援のための施策の基本的方向について（エンゼルプラン）」を策定し、政府の子育て支援対策は本格的にスタートしました。

★3　1990年に、前年の1989年の合計特殊出生率が過去最低の1.57に低下し、大きな衝撃として捉えられた出来事（「人口動態統計」より）。それまでは、丙午年の迷信という特殊な要因のあった1966年の1.58が最低であったが、それを下回ることとなり大きなショックをもって受け止められた。

【図①】子育て支援対策の経緯

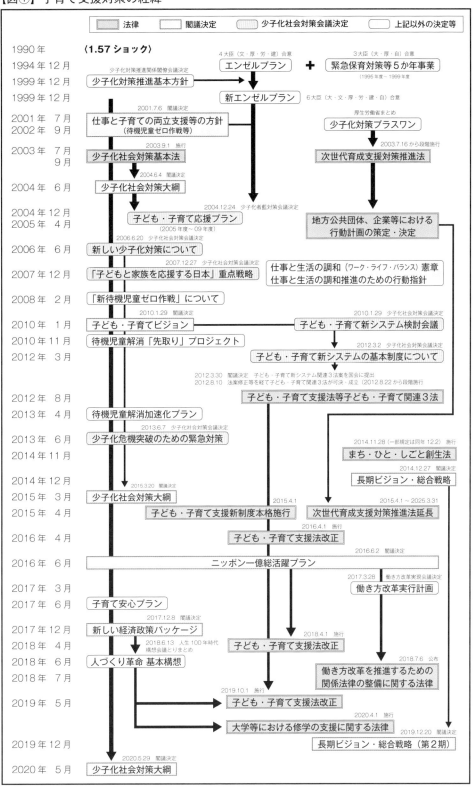

エンゼルプランを実施するため、保育の量的拡充や低年齢児保育、延長保育の充実、地域子育て支援センターの整備が図られました。このエンゼルプランの一環として策定された「緊急保育対策等5か年事業」（1995〜1999年度）では、プランをより具体化するために数値目標が設定されました。

これを引き継いで1999年（平成11）12月、少子化対策推進関係閣僚会議において「少子化対策推進基本方針」が定められ、これに基づき「重点的に推進すべき少子化対策の具体的実施計画について（新エンゼルプラン）」（2000〜2004年度）が、大蔵、文部、厚生、労働、建設、自治6大臣（当時の官庁名称）の合意によって実施されました。

新エンゼルプランは、保育、保健医療体制、地域や学校の環境、住まいづくり、さらには、仕事と子育て両立のための雇用環境整備、働き方についての固定的な性別役割分業や職場優先の企業風土の是正などの考え方も盛り込まれた幅広いものでした。

②次世代育成支援対策推進法と少子化社会対策基本法

上述の施策を行っても、出生率は急速に低下し、少子化はさらに進みました。そこでさらなる次世代育成支援施策を強化することになり、「次世代育成支援対策推進法」（2005年度〈平成17〉から10年間の時限立法）と「少子化社会対策基本法」が制定されました。

エンゼルプランと新エンゼルプランは保育関連事業が中心でしたが、それだけでは少子化を食い止めることはできないとして、続く5か年計画は、国全体で「子どもを生み、育てることに喜びを感じることのできる社会」への転換を目指す施策を打ち出しました。

③子ども・子育て応援プラン

「少子化社会対策基本法」に基づき「少子化社会対策大綱」（2004年〈平成16〉6月閣議決定）を策定し、それを受けて「少子化社会対策大綱に基づく重点施策の具体的実施計画について（子ども・子育て応援プラン）」（2005〜2009年度）が策定されました。子ども・子育て応援プランは、新エンゼルプランの改訂の位置づけとなります。

地方公共団体で策定された次世代育成支援に関する行動計画とリンクさせた形で推進するもので、若者の自立や、働き方の見直しなども含めた幅広い分野で具体的な目標が設定されました。

④子ども・子育てビジョン

2005年（平成17）には、合計特殊出生率が1.26となり過去最低となりました。政府は、希望するすべての人が安心して子どもを預けて働くことのできる社会の実現を図るため、保育所等の待機児童解消をはじめとする保育施策を質・量ともに充実・強化するため「新待機児童ゼロ作戦」を発表しました。さらに「新しい少子化社会対策大綱の案の作成方針について」（2008年〈平成20〉12月少子化社会対策会議決定）を受け、2009年（平成21）1月、内閣府に設置された「ゼロから考える少子化対策プロジェクト」により提言をまとめました。その後2010年（平成22）には「子ども・子育てビジョン」が閣議決定されました。

　「子ども・子育てビジョン」は、目指すべき社会への政策4本柱（①子どもの育ちを支え、若者が安心して成長できる社会へ、②妊娠、出産、子育ての希望が実現できる社会へ、③多様なネットワークで子育て力のある地域社会へ、④男性も女性も仕事と生活が調和する社会へ（ワーク・ライフ・バランスの実現）と12の主要施策に従って具体的な目標と取り組みが進められました。

⑤新たな少子化社会対策大綱

　2015年（平成27）、政府は新たな「少子化社会対策大綱」を閣議決定しました。新たな「少子化社会対策大綱」は、2015年から5年間の新たな取り組みとして従来の少子化対策の枠組みを越えて、新たに結婚の支援を加え、「子育て支援策の一層の充実」「若い年齢での結婚・出産の希望の実現」「多子世帯への一層の配慮」「男女の働き方改革」「地域の実情に即した取組強化」の5つの重点課題を設けました。また、重点課題に加え、長期的視点に立って、きめ細かな少子化対策を総合的に推進することとしました。

⑥ニッポン一億総活躍プラン

　2015年（平成27）10月より、内閣総理大臣を議長とする「一億総活躍国民会議」が開催され、2016年（平成28）6月、「ニッポン一億総活躍プラン」を閣議決定しました。

　このプランでは、「希望出生率1.8」の実現に向け、若者の雇用安定・待遇改善、多様な保育サービスの充実、働き方改革の推進、希望する教育を受けることを阻む制約の克服等の対応策を掲げ、2016年度から2025年度の10年間のロードマップが示されました。

　なかでも働き方改革が重要であるとした上で、両立支援や多様な交流の機会の提供、結婚につながる活動に対する支援などの企業等における自主的な取り組み例や、働き方改革・子育て支援の推進、地方公共団体と連携した自主的取り組みに対する支援などの国・地方公共団体の支援の在り方の取り組みについての留意点等が示されました。

⑦働き方改革関連法

　「ニッポン一億総活躍プラン」において、時間外労働の上限規制の在り方など長時間労働の是正、同一労働同一賃金の実現などによる非正規雇用の処遇改善等をテーマに討議が行われ、2018年（平成30）に「働き方改革関連法」が成立しました。これに合わせて労働基準法などの見直しが行われました。その後、政府は2017年に「人づくり革命」と「生産性革命」を車の両輪とする「新しい経済政策パッケージ」を閣議決定しました。

　このうち、「人づくり革命」については、幼児教育の無償化、待機児童の解消、高等教育の無償化など、2兆円規模の政策を盛り込み、子育て世代、子どもたちに政策資源を投入し、社会保障制度を全世代型へと改革することとしました。2019年（平成31）10月からの消費税率10％への引上げによる財源により、子ども・子育て拠出金を0.3兆円増額しました。

◆ ミニワーク②

▶「考えてみよう」

　企業においても多様な働き方が進められています。ワーク・ライフ・バランスを実現することで、子育てをする方々の仕事と生活（子育て）にどのような好影響があると考えますか。また、企業側への影響についても考え、話し合ってみましょう。

3　子ども・子育て支援新制度の概要

(1)　子ども・子育て支援新制度施行までの経過

　2010年（平成22）1月の少子化社会対策大綱（「子ども・子育てビジョン」）の閣議決定に合わせて、少子化社会対策会議で、「子ども・子育て新システム検討会議」が発足し、新たな子育て支援の制度について検討が開始されました。その後、2012年（平成24）3月に、「子ども・子育て新システムに関する基本制度」を少子化社会対策会議において決定しました。これに基づき、政府は、社会保障・税一体改革関連法案として、子ども・子育て支援法等の3法案を提出しました。社会保障・税一体改革は、社会保障に要する費用の主な財源となる消費税を、従来の高齢者向けから、少子化対策を含む社会保障4経費（年金、医療、介護、少子化対策）に拡大することとしました。

　2012年（平成24）に成立した子ども・子育て関連3法に基づく「子ども・子育て支援新制度」は、2015（平成27）年4月1日から本格施行されました。2015年4月の「子ども・子育て支援新制度」の施行に合わせて、「少子化社会対策大綱」の推進や子ども・子育て支援新制度の施行を行うための新たな組織である「子ども・子育て本部」を内閣府に設置しました。2016年（平成28）、子ども・子育て支援の提供体制の充実を図るため、事業所内保育業務を目的とする施設等の設置者に対する助成及び援助を行う事業を創設するとともに、一般事業主から徴収する拠出金の率の上限を引き上げる等の「子ども・子育て支援法」（平成24年法律第65号）の改正を行い、同年4月に施行されました。

(2)　子ども・子育て支援新制度について

　「子ども・子育て支援新制度」（以下「新制度」といいます。）は、2012年（平成24）8月に成立した「子ども・子育て支援法」、「認定こども園法の一部改正」、「子ども・子育て支援法及び認定こども園法の一部改正法の施行に伴う関係法律の整備等に関する法律」の子ども・子育て関連3法に基づく制度のことをいいます。保護者が子育てについての第一義的責任を有するという基本認識の下に、幼児期の学校教育・保育、地域の子ども・子育て支援を総合的に推進することとしました。

　これまで制度ごとに異なる政府の推進体制を整備し、内閣府に子ども・子育て本部を設

置、市町村が新制度の実施主体となります。市町村は、地域住民の子ども・子育て支援の利用状況や利用希望を把握し、「市町村子ども・子育て支援事業計画」を作成した上で、質の高い幼児期の学校教育・保育及び地域子ども・子育て支援事業を計画的に実施することとなります。

　これは先立って決定された「社会保障・税一体改革大綱（平成24年2月17日閣議決定）」のなかで、子どもを産み、育てやすい社会を目指して創設することとされ、①質の高い幼児期の学校教育・保育の総合的な提供、②保育の量的拡大・確保、教育・保育の質的改善、③地域の子ども・子育て支援の充実の三つが目的です。

　目的の一つ目である、質の高い幼児期の学校教育・保育の総合的な提供として、幼児教育と保育を一体的に提供する「認定こども園」制度の改善です。具体的には、「幼保連携型認定こども園」という種類の施設を見直し、これまで非常に複雑だった設置のための手続きを簡素化することにより、施設の整備と幼児教育・保育及び家庭における養育支援の一体的な提供の促進を図りました。

　二つ目は、保育の量的拡大・確保、教育・保育の質的改善です。新制度の創設のために、約0.7兆円の財源が充てられることとなりました。この0.7兆円のうち、約0.4兆円が保育等の量の拡充に充てられることとなっており、待機児童が発生している地域での施設整備等を促進することとされました。また、行政による設置の「認可」の仕組みを改善し、保育所などの施設が設置されやすくしたり、「小規模保育」「家庭的保育（保育ママ）」などの様々な手法による保育に対する新たな財政措置を行い、提供される保育の量や種類を増やしたりすることで、待機児童を解消することが目指されています。なお、保育の「量」とともに、「質」も確保するため、職員の処遇や配置に関する改善などを図ることとされています。

　三つ目は、地域の子ども・子育て支援の充実です。地域における子育て支援に関する様々なニーズに応えることができるよう、「放課後児童クラブ（学童保育）」「一時預かり」「延長保育」「地域子育て支援拠点事業」「妊婦健診」などの事業の拡充を図ることとされています。また、子育て支援に関する相談の受付や施設・サービスの紹介、情報提供などを行う窓口を設置するなどの新たな取り組みによって、多様なメニューからニーズに合ったサービスを選択して利用できる仕組みづくりが目指されています。

(3) 認定こども園・幼稚園・保育所・小規模保育等

　2012年（平成24）8月に成立した子ども・子育て関連3法（「子ども・子育て支援法」「認定こども園法の一部改正」「子ども・子育て支援法及び認定こども園法の一部改正法の施行に伴う関係法律の整備等に関する法律」）に基づく新制度が作られ、既存の施策がそのなかに位置付けられたり、新たな施策が展開されたりしています。新制度は、これまで保育所や幼稚園など別々の舞台で提供されてきたサービスを一元的に提供する体制を整備し、財政的支援も一元化し、かつ拡充することを主な内容としています。「子ども・子育て支援法」の内容は次のとおりで、「子どものための現金給付」である「児童手当」の支給、

さらに「子どものための教育・保育給付」である「施設型給付費」「地域型保育給付費」の支給があります。

「施設型給付費」の対象は、幼稚園、保育所、認定こども園であり、教育・保育を受ける子どもについて、3歳未満・3歳以上の年齢と教育・保育時間に応じて3つの認定区分★4が設けられることになりました。

1号認定（教育標準時間認定）の対象は、3〜5歳で保育を必要としない子ども（教育のみを希望する子ども）です。2号認定（保育認定）の対象は、3〜5歳で保育を必要とする子どもです。3号認定（保育認定）の対象は、0〜2歳で保育を必要とする子どもです。

「地域型保育給付費」は都市部の待機児童問題を緩和するために、0〜2歳児を対象とした保育事業です。種類としては6〜19人を定員とする「小規模保育」、1〜5人の「家庭的保育」、保育を必要とする子どもの居宅に出向いて保育を行う「居宅訪問型保育」、事業所の従業員の子どもと地域の子どもを対象とする「事業所内保育」があります。また市町村では「市町村子ども・子育て支援事業計画」に従って、地域子ども・子育て支援事業を実施することになっています。これには、すべての子育て家庭を対象とした「利用者支援事業」「地域子育て支援拠点事業」「ファミリー・サポート・センター事業」「一時預かり事業」「子育て短期支援事業」、主に共働き家庭を対象とした「延長保育事業」「病児保育事業」「放課後児童クラブ」、妊娠期から出産後までを支援対象とした「妊婦健康診査」「乳児家庭全戸訪問事業」「養育支援訪問事業」などがあります。

(4) 幼児教育・保育の無償化

2019年（令和元）10月から、幼稚園、保育所、認定こども園等を利用する3歳から5歳までのすべての子どもの利用料が原則無償化されました。子ども・子育て支援新制度の対象とならない幼稚園については、月額上限2.57万円となります。無償化の期間は、満3歳になった後の4月1日から小学校入学前までの3年間となります。

通園送迎費、食材料費、行事費などは、保護者が負担することになりますが、食材料費については、年収360万円未満相当世帯の子どもと、すべての世帯の第3子以降の子どもは、副食（おかず・おやつ等）の費用が免除されます。

0歳から2歳までの子どもについては、住民税非課税世帯を対象として利用料が無償化されました。また、複数子どものいる世帯では、0歳から2歳までの第2子は半額、第3子以降は無償となりました。地域型保育も同様に無償化の対象とされています。無償化の対象となるためには、自治体から「保育の必要性の認定」を受ける必要があります。

★4　施設型給付等の支援を受ける子どもの認定区分は、子ども・子育て支援法第19条第1項第1号〜3号により定められています。第1号「教育標準時間（1号）認定子ども」：満3歳以上の小学校就学前の子どもであって、2号認定子ども以外のもの／第2号「保育（2号）認定子ども」：満3歳以上の小学校就学前の子どもであって、保護者の労働又は疾病その他の内閣府令で定める事由において必要な保育を受けることが困難であるもの／第3号「保育（3号）認定子ども」満3歳未満の小学校就学前の子どもであって、保護者の労働又は疾病その他の内閣府令で定める事由により家庭において必要な保育を受けることが困難であるもの、と区分されています

　保育や幼児教育が多くの公費によってまかなわれる制度に移行したことから、保育の質の向上が求められています。

4　地域の実情に応じた子育て支援

　先の項でも述べましたが、市町村は、子ども・子育て家庭等を対象とする事業として、市町村子ども・子育て支援事業計画に従って、以下の事業を実施しています（子ども・子育て支援法第 59 条）。国及び都道府県は同法に基づき、事業を実施するために必要な費用に充てるため、交付金を交付しています。費用負担割合は、国・都道府県・市町村それぞれ 1/3（妊婦健診については交付税措置）となっています。地域子ども・子育て支援の13事業は、以下のとおりとなります。それぞれについては、第13章で詳しく説明しています。

【表①】地域子ども・子育て支援事業

事業名	
①利用者支援事業	⑧一時預かり事業
②地域子育て支援拠点事業	⑨延長保育事業
③妊婦健康診査	⑩病児保育事業
④乳児家庭全戸訪問事業	⑪放課後児童クラブ
⑤養育支援訪問事業	（放課後児童健全育成事業）
⑥子育て短期支援事業	⑫実費徴収に係る補足給付を行う事業
⑦子育て援助活動支援事業	⑬多様な事業者の参入促進・能力活用事業
（ファミリー・サポート・センター事業）	

5　子ども・子育て支援に関わる国（政府）と地方自治体の課題

　少子化社会への対応を喫緊の課題として、国は、結婚の支援、子育て支援策の充実、男女の働き方改革、地域の実情に即した取り組みを強化してきています。一方で、従来の性別役割分担に基づく雇用形態では、家庭と両立させながら仕事を継続すること、あるいは子育てが一段落した状態で再就職することが困難なケースが少なくありません。また、出産や育児によって離職を選択せざるを得ない女性が未だに多い現状があります。就労支援策や経済支援策を講じていますが、実際の施策や計画が現実のニーズに対応できているのかを見直していく必要があるのではないかと考えられます。

> **✎ ミニワーク③**
>
> ▶「話し合ってみよう」
> 様々な子育て支援施策について考え、必要な少子化対策について話し合ってみましょう。
> 【話し合いのヒント】
> ・今の施策の良い点と悪い点は何だろう？
> ・今後さらに必要な施策は何だろう？

　一方、施策を実施している市町村では、子どもと家族が抱える問題が多様化、複雑化するなか、我が国の地域子育て支援は重要性を増しています。そのため、国はもちろんのこと、市町村の役割は今後もますます大きくなっていくものと思われます。多様なニーズに合わせた、きめ細かな支援を展開するに当たっては、より高い専門性とそれに裏付けられた実践力が必要とされます。しかし、人材不足や専門性の確保など、解決すべき課題は多岐にわたると考えられます。

　また、サービスの主な提供主体である自治体だけではなく、民間事業者やNPO、地域の実態や実情に応じた地縁ベースの住民活動やコミュニティ機能の構築が課題となっています。

PART

4

多様な支援の展開と関係機関との連携

ねらい：子育て家庭のニーズに応じた多様な支援の展開と子ども家庭支援の現状、
課題について理解する。

第11章
子ども家庭支援の内容と対象

ねらい ・保護者や子どもが抱えている問題とその支援の内容を理解する。
・家庭支援の対象について理解し、支援方法を説明できる。

1 家庭支援の内容

　これまで、我が国では家庭の内外を問わず、多様な人とのつながりのなかで様々なことを経験し、生活をしていました。ひと昔前の家庭には、両親や兄弟をはじめ、祖父母や叔父・叔母などが同居していました。また、その家庭の住民は、近所に密接なつながりをもっていて、その人たちの眼差しのもと、それぞれ往来がありました。一歩家を出れば、近所の人たちとの挨拶や会話があり、子どもであれば「大きくなったね〜」など声をかけられたりしていました。

　しかし、近年ではそのようなネットワークや気軽に往来できる「家の構造」ではなくなりました。たとえば、以前の家の構造は、門はあるものの自由に出入りすることができました。現在は、防犯の観点から、そのように自由に出入りできる家は少なく、外から見えにくい構造になっています。子どもがいる家庭でも物理的にも閉鎖的になってきています。

　このように、子育てをする環境が大きく変化してきています。とくに、生活の都市化、核家族化、共働き家庭の増加などから、家庭での子育てが困難になっていることもあります。地方では、若者の都市への流出が多くなり、高齢化、過疎化が進んでいます。それにより、これまで地方にあった相互に支え・支えられる関係が減少しています。若者の都市への流出は、それまで地方にあった伝統的な地域社会の性格を喪失していきました。それにつれ、子どもの成長を見守る地域社会の眼差しが消えていきました。

　核家族化は、人間関係が固定化され、子どもの成長を多角的に捉える視点が失われます。共働き家庭の子どもの世話は、保護者、とくに母親の肩に重くのしかかり、仕事とのバランスを調整しながら一手に担っている現状があります。子どもにとっても、限定された人間関係のなかのため、保護者との関係の調整をしようとしても間に入ってくれる人もいない上、良きモデルが不在という状況に置かれています。

　以上のような状態にある家庭はけっして極端な家庭ではなく、現在の多くの家庭にも当てはまります。家庭支援の「支援」という言葉は、通常から離れた状態にある対象者に対して行われる行為のイメージが強いかもしれません。したがって、家庭への「支援」と表現するとき、その対象者は特別な働きかけが求められる家庭や子どもという印象を抱きがちです。

　ところが、これまで述べてきたように、今日の社会の現状を考えると、特別な支援を必

要としている家庭や子どもを対象と限定するのではなく、子ども家庭支援はすべての家庭や子どもを対象に入れる必要があります。

　本章ではとくに、特別な支援を必要としている家庭支援の対象についてみていきます。

2　家庭支援の対象

(1)　子どもの事情から対象とすること

①障害

　障害のある子どもへの支援は、一人ひとりの子どもの発達過程や障害特性を把握し、保育士による意図的に構成された環境のもと、全体的な計画や個別の指導計画のなかに位置づけることが必要です。また、子どもの状況に応じた適切な支援をするために、家庭や関係機関と連携しながら、支援をしていくことが求められます。

　肢体不自由児、自閉症児、聴覚・視覚障害児、ダウン症児などの場合、出生後早い段階で障害があることがわかり、大半が医療機関や療育機関とつながっています。そのため、保護者の多くは、これまでの医療機関や療育機関との関わりのなかで、子どもの障害について受容し、入園前には家庭においてすでに日常生活における配慮や工夫を実行していると考えられます。保護者のなかには、専門的な知識があり、入園するに当たって周到に準備をしている保護者もいます。

　しかし、障害のある子どもが定型発達の子どもと共に園生活を送るなかで、保護者の想像を超えることも出てきます。とくに、それまで子どもの障害を受容していると思っている保護者であっても、定型発達の子どもと接する度に改めて「障害がある我が子」の課題を突きつけられ、うらやましい気持ちやつらい気持ちをもつかもしれません。それまで定型発達の子どもとの接点が乏しいことから、「どうして走れないの？」「なんでお話しできないの？」といった他の子どもからの質問にどのように答えてよいのか戸惑うことも少なくありません。

　保育士は、このような保護者の気持ちの細かい変化を感じながら、寄り添っていくことが求められます。また、このような保護者への心情面でのフォローをしつつ、医療機関や療育機関と細かく連絡を取りながら、園で実践することを整理したり、子どもの特性を把握したりする必要があります。

🖊 ミニワーク①

> ▶ 「調べてみよう」
> 　生まれつき脳の発達に障害のある発達障害には、子どもにより様々な症例があります。発達障害のある子どもがどのようなことに困りごとがあるのか、調べてみましょう。

②診断のない発達の遅れ

　発達障害児などの場合、社会性や行動面の課題が多いので、集団生活を始めてから発達上の課題が表面化することが多くあります。それまでは自分の子どもの姿だけを見ているだけで違和感を覚えるくらいだった保護者にとって、集団生活が始まってから次々に課題が出てくる形になります。また、自分の子どもの行動と他の子どもの行動を比べてみると、その違いに困惑し、どのように子どもの行動を受け止めてよいのかわからない状態に陥ります。保育士は、このような状態にある保護者に対して、「ちゃんと子どもの姿を受け入れてほしい」「ここまで悩んでいるのに専門機関への相談・受診を渋るのはどうして？」とはがゆい気持ちになることがあります。しかし、保護者にとってそのような状態にある子どもを受容するということは非常に難しいのです。

　障害受容については、これまで保護者がたどる過程を示したモデル等があります。

（i）段階的モデル

　段階的モデルは、障害の告知の後、保護者がたどる情緒的な変化を段階的に捉えるモデルです。保護者は、子どもに障害があると知った後、様々な感情反応をします。具体的には、「ショック」➡「否認」➡「悲しみと怒り」➡「適応」➡「再起」の5段階に分けられ、障害を告知後のショック状態から再適応までの過程を示しています。

（ii）慢性的悲哀説

　慢性的悲哀説は、保護者の気持ちの根底には不安や慢性的な悲哀があり、節目節目で落胆をしますが、これは克服すべきことというよりも当然の感情反応であると理解すべきである、という考え方です。慢性的な悲哀による感情の波が、保護者の障害受容の過程であ

【図①】障害受容に影響を与える要因

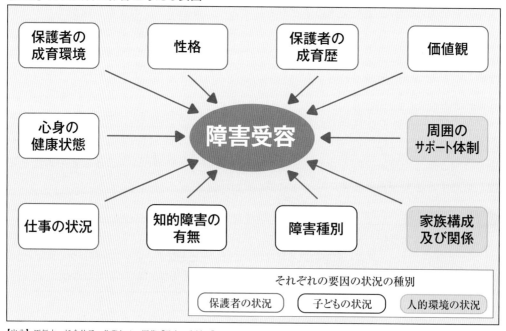

【出典】原信夫・松倉佳子・佐藤ちひろ編著『子育て支援 「子どもが育つ」をともに支える』北樹出版、2020年、p.77（著者執筆・作図より）

ると説明されています。この悲哀する気持ちは、保護者の自然な感情反応であり、けっして病的な反応ではありません。むしろ、保育士がこの悲哀する気持ちを理解しないために家族の適応をより困難にしているケースさえあります。

　これまで、障害受容の過程を述べてきましたが、受容する過程で保護者に影響を与える要素は多様です。保護者が子どもの障害を受容する際に影響を与える要因は、図①のように「保護者の状況」「子どもの状況」「人的環境の状況」の三つに大別されます。

　このように多様な要因が複雑に絡み合いながら保護者は障害を受容していきます。保育士は、けっして保護者に受容を無理強いするのではなく、複雑な要因を探りながら、先を急がず保護者の気持ちを支えていきます。また、図①に示したとおり、要因が複数のため、すべての情報を一人の担任（担当）保育士が情報収集することは避けましょう。なぜなら、一人の保育士による情報収集では、情報の捉え方が個人の見解に偏ってしまったり、当てはめて考えてしまったりします。このようなリスクを避けるためにも、園全体で情報収集に当たります。

（2）家庭の事情から対象とすること

①虐待

　虐待は、4種類に分類されます（表①）。身体的虐待は、身体に何らかのあとが残ることがあるためもっとも発見しやすいといえますが、仮に医療機関で発見されてもその時点ですでに重篤な事態に陥っているケースが多くあります。心理的・性的虐待は、表面化しづらいため、発見・通報まで至っていないケースが相当数あると思われます。心理的虐待では、子どもの目の前で保護者が家族に対して暴力をふるうこともこの虐待に含まれます。

【表①】虐待の種類

身体的虐待	殴る、蹴る、叩く、投げ落とす、激しく揺さぶる、やけどを負わせる、溺れさせる、首を絞める、縄などにより一室に拘束する　　など
性的虐待	子どもへの性的行為、性的行為を見せる、性器を触る又は触らせる、ポルノグラフィの被写体にする　　など
ネグレクト	家に閉じ込める、食事を与えない、ひどく不潔にする、自動車の中に放置する、重い病気になっても病院に連れていかない　　など
心理的虐待	言葉による脅し、無視、きょうだい間での差別的扱い、子どもの目の前で家族に対して暴力をふるう（ドメスティック・バイオレンス：DV）、きょうだいに虐待行為を行う　　など

　閉鎖的な環境に置かれている虐待を受けている子どもは、園が数少ない社会との接点になります。この意味で、園における早期発見は重要な意味をもちます。

　園で日常的に親子に接しているなかで、次頁の表②示すような親子の様子が見られる場合は、虐待を受けている可能性があります。ただ、この表に示した様子は可能性を示しているのであって、「当てはまる＝虐待を受けている」と安易に結びつけないようにしましょう。保育士は、丁寧で総合的な情報収集を行い、それをもとに複数の保育士で話し合いな

がら、対応を決めていくことが望まれます。

【表②】不適切な養育環境が背景にあると考えられる保育所での様子

〔子どもの様子〕

- 過食である
- 午睡で緊張。極度の甘えが出る
- 自分や他人を傷つける
- 高いところから飛び降りるなどの危険な行動
- 攻撃的、自責的（「どうせ〜なんか』など）な言葉づかい
- うつろな表情
- 虫歯の放置
- 警戒心が強く、室内の特定の場所（トイレのような密室など）を嫌がる
- ひとり遊びが多い
- ごっこ遊びのなかで人形をいたぶるなど、暴力を再現するような遊びがみられる
- 過度な破壊や攻撃行動
- 保育者に抱かれることを拒む
- 保育者を独占する
- 保育者の嫌がることを繰り返すような「試し行動」がみられる
- 赤ちゃん返りがみられる
- 自分のしていること、しようと思ったことを修正されるのを嫌がる
- 謝ることに時間がかかる
- 相手に怒りや不快感を抱かせる
- 保護者から離れるのを極端に嫌がる
- 保護者のお迎えに反応しない・嫌がる

〔保護者の様子〕

- 理由をつけて欠席させる（虐待の傷を隠している可能性）
- 養育に関心がなく拒否的
- 子どもを罵り、怒り出すとコントロールがきかない
- 体罰を肯定する
- きょうだいで養育態度に差がある
- 子どもの抱き方がぎこちない
- 予防接種や医療ケアを受けさせない
- 子どもの育てにくさを訴える
- 園から子育てについてアドバイスや助言をしても、一向に改善しない（しようとしない）
- 保育者を避ける、面談を拒否する
- 他の保護者とトラブルを起こす
- 連絡がとりづらい
- 家族以外の出入りがある
- 保護者の顔などにけがやあざがみられる（DVの疑い）

【出典】石動瑞代・中西遍彦・隣谷正範編著『保育と子ども家庭支援論』みらい、2020、p.127（著者執筆・作図）

◆ ミニワーク②

▶「考えてみよう」
　　表②の「子どもの様子」「保護者の様子」からそれぞれ３つ選び、なぜ「不適切な養育環境が背景にあると考えられる」のか、それぞれの様子から推察してみましょう。

虐待の早期発見も重要ですが、予防の観点を保育士がもつことも大切です。
（i）保護者との関わりの重要性
　虐待防止は、子どもと保護者の双方を見守りながら支える視点をもつことが大切です。保護者の育児不安が強く、孤立感を抱えていたり、子どもへの関わりに難しさを感じていたりした場合、虐待につながることも少なくありません。日常的に親子に関わっている保育士は、それぞれの様子を把握することから始めましょう。
（ii）保護者と関わる際のポイント
　保護者との関わりでは、以下のようなことを心がけましょう。

▶保護者の置かれている状況を共感的に受け止め、理解しようとする

▶否定的な言葉や表情、関わりは避け、保護者の決めたことを支持する

▶保育士の思い込みや当てはめで判断せず、チームで判断する

▶守秘義務を遵守する（ただし、虐待の通告は、守秘義務に違反しない）

②経済的困窮

　第1章 p.19-20 でも述べたとおり、17歳以下の子どもの相対的貧困率は、2018年（平成30）時点で 13.5％です。これは、一般的な水準の半分に満たない生活状況の子どもたちが7人に1人という数字です。OECD 加盟国 36 か国のなかでも中位以下で、平均値である 13.3％ よりも高くなっています。また、我が国のひとり親家庭は 48.1％ が相対的貧困にあります。とくに、母子家庭の収入は一般家庭の4割にも満たない状況です。子どもは、貧困のため、他の友達が持っているものや経験していることが得られない環境下にあります。貧困から生じるのは単純に経済的な困窮だけではなく、次のようなリスクがあります。

▶栄養バランスのとれた食事ができず、健康や発達が阻害される

▶多様な人との出会いや外界との接触などの体験の不足

▶低所得に起因する低い自己肯定感

▶貧困と虐待は親和性が高いことから、容易に虐待を受けやすい

　学習機会の少なさや保護者の無理解・無支援などから進学、就職時に様々な困難が生じ、将来に対して希望がもてず、人生から可能性や選択肢を奪っていきます。そして、このように貧困の世代間連鎖[1]は、さらにその子が親になったときにも起こり、悪循環が続いていくことになります。

　貧困家庭への対応の流れは、次頁の図②に示すとおり、基本的には保育士の気づきからスタートします。したがって、いかに普段の親子のわずかな変化、違和感からいち早く保育士が気づくかがポイントになります。

　図②の「気づき」にある「納入するべきお金の支払いが滞っている」などは、経済的に困窮している背景として容易に想像できます。

　しかし、問題なのは一見すると経済的困窮とは結びつかない様子です。たとえば、「連絡帳の確認印がなく、返信欄の記載がない」「忘れ物が多い」「子どもの体調が悪くても受診させない」「遠足などの行事に参加しない」といった様子です。このような様子が一過性のものではなく、複数回確認できるようであれば、注意が必要です。金銭的に余裕がないということは、「やる気がない」「だらしない」といったことではなく、精神的に余裕がなく、子どもの世話まで気が回っていないということです。

　先に述べたように生活に余裕がなく、虐待が疑われるようであれば園内で共有した上で、市町村の子ども虐待の担当課や児童相談所をはじめとする関係機関などへ連絡し、密に連携を取りながら支援をしていきます。

　また、近年では経済的困窮であっても、子どもにかかるお金を優先し、過剰に保護者が

★1　貧困が親から子へと世代を超えて連鎖すること。

【図②】貧困家庭への対応の流れ

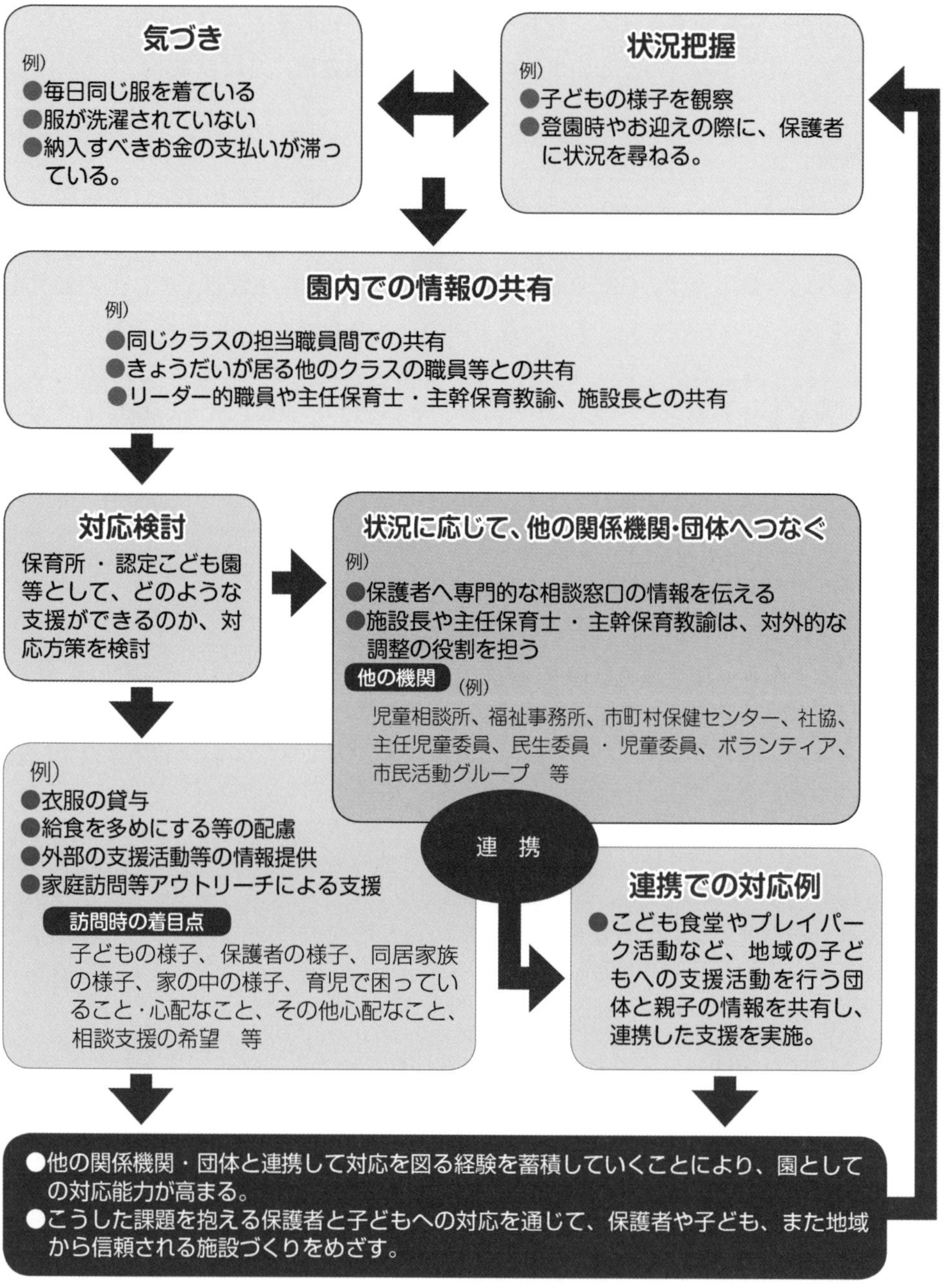

気づき
例）
- 毎日同じ服を着ている
- 服が洗濯されていない
- 納入すべきお金の支払いが滞っている。

状況把握
例）
- 子どもの様子を観察
- 登園時やお迎えの際に、保護者に状況を尋ねる。

園内での情報の共有
例）
- 同じクラスの担当職員間での共有
- きょうだいが居る他のクラスの職員等との共有
- リーダー的職員や主任保育士・主幹保育教諭、施設長との共有

対応検討
保育所・認定こども園等として、どのような支援ができるのか、対応方策を検討

状況に応じて、他の関係機関・団体へつなぐ
例）
- 保護者へ専門的な相談窓口の情報を伝える
- 施設長や主任保育士・主幹保育教諭は、対外的な調整の役割を担う

他の機関 （例）
児童相談所、福祉事務所、市町村保健センター、社協、主任児童委員、民生委員・児童委員、ボランティア、市民活動グループ　等

例）
- 衣服の貸与
- 給食を多めにする等の配慮
- 外部の支援活動等の情報提供
- 家庭訪問等アウトリーチによる支援

訪問時の着目点
子どもの様子、保護者の様子、同居家族の様子、家の中の様子、育児で困っていること・心配なこと、その他心配なこと、相談支援の希望　等

連携

連携での対応例
- こども食堂やプレイパーク活動など、地域の子どもへの支援活動を行う団体と親子の情報を共有し、連携した支援を実施。

- 他の関係機関・団体と連携して対応を図る経験を蓄積していくことにより、園としての対応能力が高まる。
- こうした課題を抱える保護者と子どもへの対応を通じて、保護者や子ども、また地域から信頼される施設づくりをめざす。

【出典】社会福祉法人全国社会福祉協議会　全国保育士会・山縣文治 監修
『保育士・保育教諭として、子どもの貧困問題を考える　質の高い保育実践のために』平成29年3月、p.9

我慢しているケースも増えてきています。この場合、子どもが困窮している姿が見えづらいので、保護者が実質的に支援を必要としていることに気がつきにくいこともあります。繰り返しになりますが、それぞれの保育士が違う角度で子どもや保護者の様子を捉え、共有していきましょう。問題の要因を推測し、解決の糸口をつかんでいくことが求められます。一人で抱え込んだり、判断したりした場合、気づきのサインを見落として、要因を誤認し、その後の適切な対応につなげにくくなります。

③ひとり親家庭

　以前は、「母子家庭」「父子家庭」と呼ばれていましたが、「父子」「母子」といった呼び名は「本来あるべきものがない」というイメージを抱くことから「ひとり親家庭」と表現されるようになりました。

　我が国では、家族という血縁関係のつながりを重視し、「両親がいる」という定型の形を標準としてきました。そのため、ひとり親に対してマイナスに捉え、それだけで問題視されてしまうことがあります。離婚の理由が死別ではない場合は、周囲から「自分の意思で離婚した→がんばるのを承知で離婚した」と受け止められ、母親は弱音を吐くことも許されない無言の圧力がかけられるようなことさえあります。このような社会の不十分な理解や支援制度の不足によって、ひとり親になった生活ですぐに様々な負担を強いられることになります。保育士は、ひとり親がこのような状態に置かれていることを前提として支援をする必要があります。

　2016年度（平成28）の「全国ひとり親世帯等調査結果報告」（厚生労働省）によると、ひとり親家庭の理由は「離婚」が最も多く、母子家庭では79.5%、父子家庭で75.6%を占めています。父子家庭を含めた調査は1983年（昭和58）からですが、母子家庭が49.1%、父子家庭が54.2%であったことから、離婚率は大幅に増加していることがわかります。

　ひとり親家庭を理解する最も重要な視点に貧困があります。②に述べたとおり、経済的困窮は様々な弊害を子どもに及ぼします。第1章や②でも示したように、ひとり親家庭の48.1%が貧困状態にあり、厳しい状況に置かれていることがわかっています。背景には、ひとり親のため、正規の雇用がされにくいことがあります。「ひとり親で子どもがいる」場合、子どもの世話などで制約がかかり、就労に影響をきたすことが理由にあります。たとえば、「子どもが体調を崩せば仕事を休まざるを得ない」「残業、休日出勤ができない」といった理由です。そしてその結果、賃金が安いパートタイム労働や非正規雇用を選択せざると得ないといった現実があります。ひとり親は、就労しているにもかかわらず、非正規雇用のため十分な収入が得られない場合が多くあります。賃金が安いため、仮に長時間労働をしても、貧困の状態は思ったように改善されないという状態です。

　適切な支援を行っていくためには、このような貧困状態から抜け出そうと努力する保護者の実態が、どこまで困っているのか、また低賃金だがやりがいを感じて働いているのかなど、幅広く捉えていく必要があります。

④ステップファミリー

　ステップファミリーとは、「再婚や事実婚により、血縁のない親子関係や兄弟姉妹関係を含んだ家族形態」を指します。ただし、ステップファミリーの実態は、それぞれの家庭によって違いが大きく異なることが特徴でもあります。

　この家庭のなかでは母親・父親の双方が存在していますが、それぞれが死別・離婚などの理由によって過去の家族を喪失しています。その上で、新たな家族関係を結ぶという経験をしており、「過去の家庭とは違う新たな家族をつくる」という状態にあります。継親子関係の多くは、これまで時間・空間を共有してきていない状態から、互いに親子として再出発し、共有していくものです。そのため、時間がかかったり、過去の家族と比べたりするので様々な葛藤があります。

　このような悩みは、一般的な初婚家族とは違う家族形成の過程を経るため、一般論を当てはめて捉えるのは避けるべきです。夫婦関係以前にどちらかの親子関係が成立しているために、親子間及び継親子間の葛藤が子どもの養育への不安やストレスに直結する可能性があります。

　以上のことから、ステップファミリーへの支援は、表面上の家族構成にとらわれずに、家庭のなかの多様な人間関係の状態を把握しながら支援をする必要があります。

⑤外国にルーツをもつ子どもやその家族

　グローバル化が急速にすすみ、保育現場にもその影響があります。海外に長期滞在する日本人や来日する外国籍の人、国際結婚の数などが増加の一途をたどっています。これにともない「多文化」が進行しています。日本の外国籍の子ども達は、外国籍の両親と来日したケースや保護者の双方または片方が外国籍であるケースなどが増えてきています。仮に、子どもが日本で生まれて生活をしてきて、日本国籍だったとしても、保護者のどちらかが外国籍であったり、家庭で使われている言葉や文化的背景が日本以外だったりするケースもあります。

　このように日常的に使う言語や文化が異なることで、それに対する配慮を保育士が検討する必要のある子どもは確実に増えてきています。まず、保育士は外国籍の保護者の置かれている実態を理解するところから始めましょう。具体的には、外国籍の保護者は不慣れな言語や日本の文化という環境で子育てをしています。そのため、常に不安や緊張、戸惑いがあることが予想され、孤独感を抱いていることが多くあります。また、日本の保育に慣れるまで時間がかかるケースもあります。たとえば、季節や園の行事などは、これまでの生活になかったものもありますので、保育士は「毎年のこと」として認識せず、行事の意味や内容をより丁寧に伝えていく姿勢が求められます。

　子どもへの対応などについての詳細は、第 14 章 p.160-161 で述べます。

⑥その他

　子どもではなく、保護者が障害や慢性疾患を抱えているケースもあります。身体障害や慢性疾患を抱える保護者には、他の保護者にはないような様々な困りごとがあります。た

とえば、歩行が困難であれば送迎時にできるだけゆとりがもてるように、送迎の時間帯をずらし、子ども・保護者が密集する状態を避けることで、時間的、空間的に余裕をもたせるなどの支援方法を講じることもあります。また、季節の変わり目や天候によって保護者の心身の状態や可能な行動も変わってくるため、口頭や連絡帳などでその時々の状況を知らせてもらい、適切な支援を考えることも必要になります。

　精神疾患のある保護者であれば、積極的に子育て支援サービスの利用をすすめる、保護者の身近で人的サポートができる人をあらかじめ確認し、連携の準備をしておくなどの配慮が求められます。知的障害のある保護者であれば、連絡帳の記述の仕方を障害の程度に合わせて書き方を変えるなどの配慮も求められます。

第12章
保育所等を利用する子どもの家庭への支援

ねらい ・保育所等における家庭支援の特性を理解する。　・家庭支援に対する保育者の多様な役割を説明できる。　・保護者との具体的なコミュニケーションの在り方について理解する。

1　保育所等における家庭支援の特性

　就学前の子どもが過ごす施設には、主に幼稚園・保育所・認定こども園があり、保育所のみならずそれぞれの施設で子育て家庭への支援が行われています。本章では、保育所を中心に述べていくため「保育士」と表記していますが、幼稚園教諭、保育教諭の役割にも関わるものとして読み進めていきましょう。

(1) 多様化している家庭

　保育所を利用する家庭の選択理由は、多様になってきています。単純に、「保護者が就労するから」という理由だけではなく、「保護者に疾病・障害がある」「家庭での介護・看護がある」「虐待やDVの恐れがある」といった表①のような理由もあります。

【表①】保育を必要とする理由

・就労（フルタイムのほか、パートタイム、夜間、居宅内の労働など）
・妊娠、出産
・保護者の疾病、障害
・同居又は長期入院等している親族の介護・看護
・災害復旧
・求職活動（起業準備を含む）
・就学（職業訓練校等における職業訓練を含む）
・虐待やDVのおそれがあること
・育児休業取得中に、既に保育を利用している子どもがいて継続利用が必要であること
・その他、上記に類する状態として市町村が認める場合
【出典】内閣府『よくわかる「子ども・子育て支援新制度」』「https://www8.cao.go.jp/shoushi/shinseido/sukusuku.html、2020年7月16日アクセス

　保護者の保育の需要が多様化している現状を反映して、保育や連携する専門機関の役割、運営方法も多様化しています。
　保育所等では、通常の保育に加え、延長保育、休日保育、夜間保育といった保育が実施され、様々な保護者の勤務形態に合わせた保育が行われています。

　このような保育が、子どもの最善の利益を考慮し子どもの福祉を大切にしながら適切に行われることで、保護者は日に日に成長している我が子を実感し、保育士への信頼が芽生えていきます。このように保育士との信頼関係が下地となって初めて保護者は安心して子どもを預けることができ、仕事等と子育てを両立することが可能になるのです。

　また、保育所等に在籍している家庭への支援には、家庭の特性に応じて様々な役割があります。支援に際しては家庭の特性に応じた連携先があり、家庭の状態や状況に応じて専門機関を選択し、情報の共有に努めます。これらをスムーズに遂行するために保育士は、関係機関を把握した上で、迅速に関係機関に連絡することが求められます。

【図①】家庭支援における関係機関

保育者・園　←連携→　【関係機関】
・保育担当部局
・保健センター
・教育委員会
・児童相談所
・福祉事務所
・民生委員
・市町村の相談窓口
・発達支援センター
・巡回相談員　　等

　近年では、核家族化や地域とのつながりの希薄化から相談先が少なく、保護者が家庭内で生じている問題を解決することができず、問題が大きくなってから保育士や園が把握するといったことがあります。このようなとき、その家庭は周囲から孤立した状態で子育てをしている場合が多くあります。周りの子育て家庭とのつながりの少なさから、保護者は他の家庭の子育てを観察したり、手伝ったりする経験が乏しくなり、基本的な子育てを学ぶ機会が激減しているのです。そのため、自分の子育てに自信がもてず、誰にも相談できずに心配や不安が増大していきます。したがって、園ではそのような保護者に対し直接的な支援に加え、園の活動に保護者が参加できる場をつくったり保護者会を催したりして、保育の様子に触れ、保護者同士をつないでいくことで保護者が子育てに対する理解を深め安心感を得られるようにすることが大切です。

(2) 保育所の特性

①保育所という「場」の特徴

　家庭支援における保育所の特徴を検討するには、保育所とはどのような場（環境）なのかを整理する必要があります。

　まずは、家庭と違った環境である保育所の場と特徴をおさえましょう。

（ⅰ）　一人ひとりの子どもが主体的に過ごす場

　保育所は、乳幼児が主体的に園生活を送れるよう、保育士が子どもの姿をイメージして意図的に設定された環境です。たとえば、子どもの発達年齢に合わせたイスや机、トイレなどが挙げられます。これらは、発達年齢に合わせて子どもたちが自分で使えることができるよう配慮されています。また、子どもが扱いやすい遊具や素材などが用意されています。このように意図性をもった環境のため、子どもたちは自分の力で生活できるようになっていくのです。

子どもたちの遊びや生活をより豊かで確かなものとするために、子ども理解に基づいて意図的・計画的な環境構成を設定しつつ、子どもが保育士や友達と関わり、様々な体験を通して学びを深め発展させていけるようにします。

(ii) 子どもの集団が常に存在する場

近年、少子化が進み、家庭内できょうだいがいなく自宅周辺でも他の子どもが少ないなど、子どもたちが「群れて」遊ぶ機会が減少しています。本来、乳幼児期の子どもたちは「群れて」遊ぶことで、年長者から年少者がお世話されたり、子ども同士で意見のぶつかり合いがあっても互いに折り合いをつけたり、様々なことを経験します。しかし、現在はこのような自然発生的な場は少なくなりつつあります。

そこで、このような多様な経験をする場としての役割を保育所等が担っています。保育所は、数年間にわたって、継続的に子どもたちが生活し、自分や友達の成長を感じながら過ごすことができる場です。発達年齢に関係なく、子どもたちが集団で生活して多様な関係の下で過ごす機能を備えているのです。

(iii) 多様な人との関わりをもてる場

保育所には0〜6歳までの子どもが共に生活しています。同年齢、異年齢児だけではなく、保育士や職員、あるいは地域の人などの大人も含め、様々な人と関わることができます。また、子どもがこのような人間関係があることで、同じように保護者の人間関係も広がっていきます。保護者の人間関係の広がりは、地域でより生活しやすい環境をつくることとつながっていきます。

(iv) 保育の専門家がいる場

保育士は、保育計画をつくり、子どもの成長・発達の見通しをもって保育を行います。保育士は、保育の専門家ですので、保護者に子どもの成長を支えるための環境をつくったり、人間関係を支えたりするなど、指導や助言を行うことができます。また、保育所には、保育士の他にも、健康面を支える看護師、食事や栄養面を支える栄養士・調理員がいます。子どもの健康や食事のことで保護者が相談できる頼もしい人的資源となっています。

②継続的・日常的な支援が可能な保育所

保育所は、子どもたちが生活している日常的な場で、発達援助や家庭支援を行うことが大きな特徴といえます。そのため保育士は、子どもも保護者も日々の様子や変化を見逃さないようにします。また、保護者には継続的な支援が可能なことから、見通しをもって支援をすることができますし、セラピーなどとは違い、生活になじむような支援、あるいは変化などのプロセスを追うこともできます。さらに、支援の有無にかかわらず、日々顔を合わせているので、気軽に相談することができ、最新の子どもの情報ももっています。この意味で、保護者にとって心強い存在であり、多様な悩みも相談できる存在なのです。

2　家庭支援における保育士の役割

　ここまで述べてきたように、保育士は、保護者が子育てをしている際に生じる不安などに対して保育士の専門性を生かした支援を行っていきます。その具体的な支援の様子を見てみましょう。

📄 **事例①**

> 　Yくん（2歳1か月）の母親は、近頃、登園・降園時に硬い表情でYくんに向かって「早くして！」「一回で言うこと聴いてよ」とイライラしている。これまではYくんも母親がお迎えにくるとうれしそうにおもちゃを片づけたり、母親に走り寄ったりしていたが、最近ではそのような姿は見られない。
> 　Yくんは「イヤイヤ期」で、園でも衣服の着脱や食事の際に泣いたりしている姿があった。保育士は、イヤイヤ期にあるYくんへの対応を母親が思うようにできていないのではないかと思い、降園時に「最近、お忙しいように見受けられますが、お仕事大変ですか？」と話しかけた。すると、堰を切ったように「自分の言うことを聞いてくれない」「時間がない時に限って衣服の着脱を自分でやりたがる」など思いを話し始めた。
> 　保育士は、イヤイヤ期について説明し、保育における対応を伝えた。

　このように、イヤイヤ期の特徴を保護者との会話のなかに織り交ぜるなど、普段のやりとりのなかで知識を提供することも保育者の専門性です。日常的なやりとりのなかで、子育てに関する知識を提供していくことは、「生きた子育ての知識」が継承できにくい現在においてますます重要になってきています。また、保護者の知識不足をカバーできることも保育士の強みであるともいえます。このような支援は、保育所を利用している保護者はもちろん、その他の地域で子育てをしている保護者に対しても行います。

3　保護者との効果的な関係の例

　保護者との信頼関係をつくるためには、日々のコミュニケーションの充実がカギを握ります。「コミュニケーション」というと「直接的で口頭でのやりとり」とイメージするかもしれませんが、保育者による保護者とのコミュニケーションは多岐にわたります。大別すると、次頁の表②③に示すように「直接的なコミュニケーション」「間接的なコミュニケーション」の二つになります。特徴的なのは、双方とも毎日のコミュニケーションや定期的なコミュニケーションなど、頻度によって在り方が異なることです。

　保育士はそれぞれの特徴を理解し、効果的に使い分ける必要があります。多様なコミュニケーションの在り方を理解することで、「保護者が理解しやすいコミュニケーション」を探して使いわけます。

【表②】保護者との直接的コミュニケーションツールの方法

頻度	方法	内容	配慮する点
毎日	送迎時のやりとり	送迎時に保護者と直接やりとりし、子どもの様子や家庭の状況に関する情報を共有する。	笑顔ややわらかな態度を心がける。保護者との信頼関係を深め、やりとりが保護者の子育てへの自信や意欲につながるように努める。
定期的	個別面談 保護者会 保育参観・保育参加 行事	保育の内容や方針を伝えるとともに、保護者の質問や意見、要望を聞き取る。保護者同士の交流の機会をつくる。	送迎時に話すことの難しい内容を共有する。保育の内容や方針、家庭の状況等に関する共通理解を図る。
必要に応じて	個別の相談	保護者からの要望があり、保育士等が必要だと判断した場合には時間を取って個別の相談を行う。	保護者の話すことを傾聴し、保護者自身の決定を援助する。知り得た内容の秘密を保持する。

【出典】高辻千恵・山縣文治 編著『家庭支援論』ミネルヴァ書房、2016年、p.112

【表③】保護者との間接的コミュニケーションツールの方法

頻度	方法	内容	配慮する点
毎日	連絡帳	子どもの様子を中心に情報を共有する。	保護者との信頼関係を深め、その内容が保護者の子育てへの自信や意欲につながるように努める。
定期的	園通信・クラス通信	園やクラス全体の状況や保育行事の予定等を伝える。	読むだけでは理解しにくい場合もあるため、重要事項は口頭で確認する。
必要に応じて	お知らせ・おたより	保護者に準備してほしいものを連絡するなど、必要に応じて印刷物等を配布する。	保護者が十分な準備期間を確保できるよう、配布時期に配慮する。重要事項は口頭で確認する。

【出典】高辻千恵・山縣文治 編著『家庭支援論』ミネルヴァ書房、2016年、p.112

(1) 保護者と子どもを観察する重要性

　保育士の専門性の一つに、適切に子どもや保護者の心身の状態を観察する技術があります。具体的には、保育士による視覚的・聴覚的な情報から子どもや保護者の行動、状態、経過等の事実を捉えます。

　子どもや保護者を観察するには、観察する視点として「発達援助の技術」「生活援助の技術」「環境構成」「遊びを展開する技術」「関係構築の技術」の5つの技術が必要になります[★1]。この5つの技術は、互いに関連しながら機能しており、1つの技術だけで保育が成立するというわけではありません。保育士は、表④のように5つの視点から保護者の子育ての状態を把握したり、働きかけたりします。

【表④】観察に必要な保育技術の視点

発達援助の技術	子どもの発達に関する専門的知識を基に子どもの育ちを見通し、その成長・発達を援助する技術
生活援助の技術	子どもの発達過程や意欲を踏まえ、子ども自らが生活していく力を細やかに助ける生活援助の知識・技術
環境構成の技術	保育所内外の空間や物的環境、様々な遊具や素材、自然環境や人的環境を生かし、保育の環境を構成していく技術
遊びを展開する技術	子どもの経験や興味・関心を踏まえ、様々な遊びを豊かに展開していくための知識・技術
関係構築の技術	子ども同士の関わりや子どもと保護者の関わりなどを見守り、その気持ちに寄り添いながら適宜必要な援助をしていく関係構築の知識・技術

【出典】柏女霊峰・橋本真紀 編著『保育相談支援』ミネルヴァ書房、2016年、pp.60-62、筆者まとめ

(2) 送迎時における家庭支援

　保育士は、保護者と日常的に関わります。日々のコミュニケーションが積み重ねられることで保護者との信頼関係がつくられていきます。送迎時は短時間ではありますが、直接保護者と会話ができる貴重な時間です。保育士が登園時に家庭の様子を聞いたり、降園時にその日の子どもの様子を伝えたりする過程において、保育士による子育て支援ができていきます。その過程で、子どもの発達を保護者と共に確認したり、子どもの成長を喜んだりします。

　保護者のなかには、「コミュニケーションが苦手。誰かに相談することはもっと苦手」という保護者がいます。保育士は、そのような保護者がいることも理解しておきましょう。そして、保護者と対面するときには、笑顔でやわらかい雰囲気を心がけましょう。保育士は、保護者とコミュニケーションをとるときには、できるだけ安心感を抱かせるように努めます。

　笑顔でやわらかい雰囲気で接することは、当然子どもに対しても必要なことです。たとえば、朝の登園時、保育士が笑顔での声かけを心がけることで、多くの場合、保護者も元気に明るい表情で子どもと別れを告げることができます。そうすると、それを受けた子どももスムーズに保護者に表情豊かに挨拶をすることができるでしょう。そして、子どもは安心して保護者と別れて、所持品の始末からその日一日の生活の始まりに気を向けることができるでしょう。

　また、保育士は、お迎えの場面で保護者にその日の子どもの様子、成長を感じた場面、微笑ましい言動など、具体的なエピソードをタイミングよく伝えます。忙しい保護者であればあまりやりとりの時間がとれず、細かい子どもの成長を感じ取ることが難しいこともあります。そのため、保護者がイメージしやすい具体的なエピソードを引き合いに出しながら成長した姿を伝え、共に喜びを共有するとよいでしょう。その際には、次頁の表⑤のような配慮事項に留意しましょう。

★1　柏女霊峰・橋本真紀 編著『保育相談支援』ミネルヴァ書房、2016年、p.51

【表⑤】 直接的なやりとりにおける配慮事項

- 保護者の状況に応じて柔軟に話し方を変える。
- 保護者が意識していない関わりに目を向けられるよう、共感や称賛を交えてフィードバックする。
- 送迎時は、他の保護者も周囲にいる。したがって、個人情報に深く関わる話の場合はその場では避ける。その際、必ず保護者と話しながら別の「場所と時間」を設定する。

📄 **事例②**

　4月のクラス担任受け持ち当初、M先生は、Sくんのお母さんの険しい表情や勢いのある話し方に苦手さを感じていた。それでも、M先生は関係をつくろうとがんばって話しかけ続けた。その甲斐あって、10月ごろには他の保護者よりも、親しく、緊張せずに話をすることができるようになった。しかし、緊張感がなくなるにつれて、言葉遣いも乱れ、子どもの話よりも世間話を優先するようになっていった。

　毎日のことですので、互いの関係性ができてくると「この程度は許されるかもしれない」と少しずつ緊張感が無くなるケースが少なくありません。保護者が自然と話ができることはよいのですが、保育士が友達感覚で接することがないように一線を引いて保護者とやりとりをする必要があります。

(3) 個人面談における家庭支援

　個人面談の回数は、園によって違いがありますが、保護者の希望する日時を調整して年に数回行われることが多いです。送迎の際に時間がなかったり、普段の立ち話や子どものいる状態で話ができなかったりする場合、個人面談を活用します。

　保護者の面談希望日をアンケートで確認し、日時を調整していきます。

　個人面談は、次に予定している保護者もいる限られた時間です。スムーズなやりとりができるように、あらかじめ子どもについて伝えたいこと、保護者にたずねておきたいことを整理し、必要であれば話す内容のメモを作成しておきましょう。実際の面談時の際、基本的には、子どもの成長している様子を中心に話をしますが、保護者から家庭での子どもの様子や悩みを十分に引き出しながら、保育士側からの一方的な話で終わらないようにします。このとき面談内容に行き違いがないようにするため、保護者に了承を得た上で、個人面談の内容を記録にとりましょう。なお、メモで記録をとる場合、そちらに集中しすぎて保護者をないがしろにすることのないように注意が必要です。

　面談内容によっては、家庭での話に関する個人情報も含まれるほか、込み入った繊細な内容により面談が短時間では終わらないような場合もあります。保育者は、秘密を厳守するとともに、込み入った内容であれば無理に時間内に収めようとせず、保護者にしっかり対応する旨を伝え、近日中の別日を相談するとよいでしょう。

【図②】個人面談参加アンケート例

○○年度　第1回ばら組個人面談のお知らせ

○○年7月○日

　ばら組個人面談実施のご案内をいたします。

　お忙しいところお時間をいただきますが、日頃のお子様たちの様子をできるだけ詳しくお伝えさせていただくとともに、お子様のご家庭での様子や子育てについて、日頃疑問に思っていることなどもお聞かせいただければと思います。ぜひ、子どもたちの成長に役立ち、そして、保護者の皆様の安心へとつなげられますよう、お子様や子育ての情報を共有し、楽しい面談にしたいと思っています。

　つきましては、下記日程のご希望の欄に、「○」とその隣に「第一希望」「第二希望」とご記入のうえ、○日までに○○へご提出ください。なお、ご都合がつかない方は直接担任までご相談ください。

-------------------------- 切り取り線 --------------------------

保護者氏名〔　　　　　　　　　　　〕

希望日／時間帯	16:00 ～ 16:15	16:20 ～ 16:35	16:40 ～ 16:55	17:00 ～ 17:15
7月27日（月）				
7月28日（火）				
7月29日（水）				
7月30日（木）				

　また、保護者側の視点で考えると、面談というかしこまった雰囲気から「何を言われるのだろうか」「怒られたりしないかな…」と身構えて面談に臨むことが少なくありません。保育士は、保護者がこのような心情で参加していることも念頭に入れ、保護者の緊張をほぐすような話の入り方、話し口調を心がけるとよいでしょう。

📄 **事例③**

　普段からYくんの乱暴な行動が気になっていたT先生は、個人面談のときに母親にその様子を伝えた。T先生はお母さんにわかりやすく伝えようと思い、Yくんの行動を「乱暴」「暴力的」という言葉を使って表現した。すると、母親はショックを隠し切れず、涙を流してしまった。

　保育士は、保護者に子どもの様子を伝えようとするあまり、つい普段使っている言葉をそのまま使ってしまいがちです。しかし、先述したように身構えて面談に臨む保護者が多いことを理解し、否定的な言葉を使わず、言葉を言い換えて表現することが求められます。この場合、Yくんの「乱暴」は「元気がありすぎて」などが考えられます。保育士は、「保護者が受け入れやすい言葉」を数多く把握しておきましょう。

（4） 連絡方法を活用した関係の構築

　多くの保育所では、保護者との日々の連絡方法として「連絡帳」や「おたよりノート」を活用しています。これらは、毎朝の体温といった子どもの体調の状態から家庭での様子まで幅広い情報が書ける内容になっています。また、保護者の子育てにおける悩みや保育士への質問なども書くこともできます。送迎時における対面によるコミュニケーションに加え、連絡帳のような紙面でのコミュニケーションもあります。

　連絡帳は、基本的には「保護者－保育者」の一対一でのやりとりとなるので、信頼関係を築いていく媒体になりやすい面をもっています。朝の登園時では、多くの保護者は出勤前であり、思うようにコミュニケーションをとる時間がとれません。また、コミュニケーション自体が苦手な保護者もいます。連絡帳は、文字に表すことで日常的な情報の交換をすることができるツールであり、このような場合にとくに役立ちます。

【図③】「1冊あたりの記入時間」の比較

| | 保育経験年数10年未満 | 63.5%（5分未満） | 36.5%（5分未満） |

【出典】守巧・幸喜健・那須信樹「保育所における子育て支援媒体としての「連絡帳」の活用をめぐって～保育士への実態調査より～」保育文化研究、第10号、2020年

　なお図③の調査結果から見ると、実際に保育士が連絡帳に記入する時間は、保育経験年数を問わず半数以上が、1冊あたりわずか5分程度です。保育士は短時間で効率よく記入することが求められます。

　連絡帳は、毎日、書き続けていると同じような文章になったり、短い文章になったりしがちです。保育士は、できる限りその日の子どもの小さな出来事や表情を書き、保護者に子どもの成長している様子を伝える文章で書くことを心がけましょう。

　保育士は、連絡帳に文章を書くときに、以下の表⑥に示す点に配慮するとよいでしょう。

【表⑥】連絡帳に記入する時の配慮事項

- 伝えたいことは、書く前に明確にしてから書く。
- 一文を短く、端的に書く。
- 不必要なまでの敬語、砕けすぎた文章にしない。
- Who（だれが）、When（いつ）、Where（どこで）、What（なにを）、Why（なぜ）、How（どのように）、の「5W1H」を念頭に置いてわかりやすくなるように記入する。
- 否定的な表現、言葉遣いの多用は避ける。
- 保護者の気になる子どもの体調やケガの情報は、より丁寧に書く。
- 誤字脱字、不用意な表現が無いよう、記述後に読み直す。

　ここまで見てきたように、連絡帳は保護者と保育士の応答的なやりとりです。連絡帳はコミュニケーションツールとして有効に活用される一方で、その特徴として、内容によっては保護者にとって安心材料にも不安材料にもなる、ということも挙げられます。

　では、具体的に考えるために以下のようなケースについて考えてみましょう。

📄 **事例④**

> 　夫婦不仲の理由から離婚し、シングルマザーとなったTちゃんの母親は、慣れない仕事を始めた。それからの登降園時の母親の様子は、保育士の目にも生活において余裕がないことが伝わってくるほどであった。
>
> 　しばらくして連絡帳に、母親から「最近、Tが言うことを聞いてくれません。急にわがままになったように感じます」と書いてきた。そこで、保育士は「Tちゃん、園でもスキンシップを求めてきます。お母さんに甘えたい気持ちからわがままを言っているのかもしれませんね」と書いた。すると翌日に保護者の欄には「もっと頑張れ、ということですね」とだけ書かれていた。

　事例④の保育士は、けっして「お母さんが甘えさせていないから、わがままになったりスキンシップを求めたりする」と伝えたいわけではありません。しかし、母親はそのように受け止めてしまいました。この場合は、Tちゃんの母親が置かれている現状を受け止めた上での支援が求められます。たとえば、仕事と家事を何とか両立していることへのねぎらいの言葉を伝えた上で、悩んでいることをさらに聞き出します。その後に、「今度二人でゆっくり過ごすようにしてみてはいかがですか？」のように今の母親にできる方法を提案すべきでした。

　このように、文面によっては保育士の意図と違った受け止め方をされることがあります。口頭でのコミュニケーションであればお母さんの表情や反応から違う言葉を使って表現したり、補足説明ができたりするのですが、文字のみだとこのようなこともあり得ます。保育士は、連絡帳の特徴を把握しておく必要があります。

　近年では、インターネットや各種SNS等のアプリを利用して子どもや園の情報を発信する園も増えてきました。保護者にとってもアクセスのしやすさや手軽さ、子どもの写真が閲覧できるなどの機能が役立つようです。ただし、用いるツール、アプリによっては、インターネットの特定のサイトに子どもの情報や写真などをアップすることになり、不特定多数の人も閲覧できてしまうリスクもあります。インターネットを介した情報発信には、その方法、内容ともに十分な注意が求められます。

第13章
地域の子育て家庭への支援

ねらい ・地域子ども・子育て支援事業について理解する。
・地域の子育て家庭へ向けた保育士の支援について説明できる。

1 地域の子育て家庭への支援

　保育士は、保育所保育指針第4章子育て支援3地域の保護者等に対する子育て支援において「地域の実情や当該保育所の体制等を踏まえ、地域の保護者等に対して、保育所保育の専門性を生かした子育て支援を積極的に行うよう努めること」とされています。また、児童福祉法第48条の4にも規定されていますが、「保育所における通常業務である保育に支障をきたさない範囲で、情報提供と相談及び助言を行うよう努めること」[1]とされています。保育士は保育所で子どもに対する保育や保護者への子育て支援だけではなく、地域の子育て家庭に向けた支援も行います。

　現代社会の子育て家庭は様々な問題を抱えています。子どもの養育は保護者が第一義的責任を果たすことと児童福祉法のなかで定められていますが、今の子育て家庭は、保護者だけではなく社会による支援を受けながら子育てを行うことが必要となっています。保育所は、地域で子育て支援を実施している機関と連携し、保育所保育士が行うことのできる支援を検討し、それぞれの家庭のニーズに合わせた支援を実施していきます。

2 子育て支援事業とは（地域子ども・子育て支援事業）

(1) 社会や経済の変化と子育て

　日本が少子化対策に本格的に取り組み始めたのは1990年代の中頃からです(p.117参照)。当時から子育てと仕事の両立ということを目指して様々な政策を検討し、実施してきました。2003年（平成15）に児童福祉法改正が行われ、そのなかで子育て支援事業の実施や子育て支援の取り組みを強化していくことが規定され、市町村では、すべての子育て家庭に対する様々な子育て支援事業の充実を図ることになりました。また、「エンゼルプラン」や「新エンゼルプラン」を引き継ぐものとして2004（平成16）年に「子ども・子育て応援プラン」の策定により、2005年度～2009年度までの5年間に取り組む若者の自立や働き方の見直し等も含めた幅広い分野で具体的な数値目標が設定されました。さらに2010

★1　厚生労働省『保育所保育指針解説』フレーベル館、2018年、p.339

年（平成22）に策定された「子ども・子育てビジョン」により、家族や親が子育てを担う〝個人に過重な負担〟から社会全体で子育てを支える〝個人の希望の実現〟へと考え方を変え、子育て支援に取り組んできました。

　このように様々な施策に取り組んできましたが、現在において大きな成果は見られない状況となっています。現在も核家族化は進み、家庭を取り巻く環境は多様化しています。また、出生率も2015年（平成27）には1.45まで上昇しましたが、再び下がっており、少子化は歯止めがかかっているとはいえない状況であり、深刻さは増しています。仕事と子育てを両立できる社会の環境を整え、社会全体で子育てを行っていくことができるような支援が必要となっています。そこでさらなる施策として子ども・子育て支援新制度が開始され、2012年（平成24）に制定・2015年に施行された子ども・子育て支援法第59条において子育て支援事業が、「地域子ども・子育て支援事業」（13事業）として法律のなかに位置づけられました。第10章（p.123）において「地域子ども・子育て支援事業」の概要についてはすでに説明をしていますが、ここでは詳しくそれぞれの事業について示し、保育士が行う支援について説明をしていきます。

(2)　地域子ども・子育て支援事業の役割と保育士の関わり

①利用者支援事業

　利用者支援事業は「子育て家庭や妊産婦が、教育・保育施設や地域子ども・子育て支援事業、保健・医療・福祉等の関係機関を円滑に利用できるように、身近な場所での相談や情報提供、助言等必要な支援を行うとともに、関係機関との連絡調整、連携・協働の体制づくり等を行う」ことを目的とした事業です（次頁図①）。

　基本的な機能に「基本型」として「利用者支援」と「地域連携」があります。「利用者支援」は、子育て家庭等から相談を受け、抱えている個別のニーズ等を把握し、子育て支援に関する情報の収集、提供を行い、それぞれの家庭に合った適切なサービスや支援を活用できるように支援を行います。ここでは利用者の目線に立ち、寄り添った支援を行うことが重要です。「地域連携」は、利用者が必要な支援をより効果的に活用できるよう、地域の関係機関と連絡調整や連携等が行える体制をつくり、各地域の状況に合わせ、その地域で必要としている社会資源の開発を行います。

　他にも「特定型」と呼ばれる「保育コンシェルジュ」や、「母子保健型」もあります。「特定型」（保育コンシェルジュ）は、主に市町村の窓口において子育て家庭等から保育サービスに関する相談に対応し、地域の保育所や様々な保育サービスについて情報提供を行い、スムーズに利用できるように支援を行います。「母子保健型」は、主として市町村保健センター等において保健師等が妊娠期から子育て期の間に妊産婦等からの相談に応じ、状況を継続的に把握し、支援が必要な人に情報提供を行い、関係機関と協力して支援プランの策定等を行います。

　利用者支援事業では専任の職員として「利用者支援専門員」を1名以上配置しています。「利用者支援事業ガイドライン」において利用者支援専門員は「医療・教育・保育施設や

地域の子育て支援事業等に従事することができる資格を有している者や、地方自治体が実施する研修もしくは認定を受けた者のほか、育児・保育に関する相談指導等について相当の知識・経験を有する者であって、地域の子育て事情と社会資源に精通した者」とされています。一定の実務経験があり、子育て支援員基本研修または専門研修（地域子育て支援コース）の「利用者支援事業（基本型）」の研修を修了している者が就くことができます。それぞれの家庭の相談に応じ、必要なサービスを家庭の状況に合わせて組み合わせ、利用できるように保護者に提示します。

保育士は、この事業において直接何か実施するということはありません。しかし、保育所は地域の子育て家庭への支援も行うため、このような事業が行われていることは理解しておくべきです。たとえば、園庭開放等で地域の子育て家庭等の相談に対応することもあるでしょう。保育士が対応できる相談であればよいですが、内容によっては保育士では対応できないこともあります。その際に、このような支援があること、どこに行けば相談できるのかを把握しておくことで、個々の子育て家庭に向けた支援を行うことができます。

【図①】「利用者支援事業」の概要

「利用者支援事業」の概要

事業の目的
○ 子育て家族や妊産婦が、教育・保育施設や地域子ども・子育て支援事業、保健・医療・福祉等の関係機関を円滑に利用できるように、身近な場所での相談や情報提供、助言等必要な支援を行うとともに、関係機関との連絡調整、連携・協働の体制づくり等を行う

実施主体
○ 市区町村とする。ただし、市区町村が認めた者への委託等を行うことができる。

地域子育て支援拠点事業と一体的に運営することで、市区町村における子育て家庭支援の機能強化を推進

3つの事業類型

基本型
○「基本型」は、「利用者支援」と「地域連携」の2つの柱で構成している。

【利用者支援】	【地域連携】
地域子育て支援拠点等の身近な場所で、 ○子育て家庭等から日常的に相談を受け、個別のニーズ等を把握 ○子育て支援に関する情報の収集・提供 ○子育て支援事業や保育所等の利用に当たっての助言・支援 →当事者の目線に立った、寄り添い型の支援	○より効果的に利用者が必要とする支援につながるよう、地域の関係機関との連絡調整、連携・協働の体制づくり ○地域に展開する子育て支援資源の育成 ○地域で必要な社会資源の開発等 →地域における、子育て支援のネットワークに基づく支援

《職員配置》専任職員（利用者支援専門員）を1名以上配置
※子ども・子育て支援に関する事業（地域子育て支援拠点事業など）の一定の実務経験を有する者で、子育て支援員基本研修及び専門研修（地域子育て支援コース）の「利用者支援事業（基本型）」の研修を修了した者等

特定型（いわゆる「保育コンシェルジュ」）
○ 主として市区町村の窓口で、子育て家庭等から保育サービスに関する相談に応じ、地域における保育所や各種の保育サービスに関する情報提供や利用に向けての支援などを行う
《職員配置》専任職員（利用者支援専門員）を1名以上配置
※子育て支援員基本研修及び専門研修（地域子育て支援コース）の「利用者支援事業（特定型）」の研修を修了している者が望ましい

母子保健型
○ 主として市町村保健センター等で、保健師等の専門職が、妊娠期から子育て期にわたるまでの母子保健や育児に関する妊産婦等からの様々な相談に応じ、その状況を継続的に把握し、支援を必要とする者が利用できる母子保健サービス等の情報提供を行うとともに、関係機関と協働して支援プランの策定などを行う
《職員配置》母子保健に関する専門知識を有する保健師、助産師等を1名以上配置

【出典】厚生労働省『子ども・子育て支援　利用者支援事業について「利用者支援事業とは（概要.pdf）」』、https://www.mhlw.go.jp/stf/seisakunitsuite/bunya/kodomo/kodomo_kosodate/kosodate/index.html

✎ ミニワーク①

▶「調べてみよう」
　　自分の住んでいる地域で実施されている利用者支援事業について調べてみよう。
【調べ方のポイント】
・どんな名前で実施されているか／どんな具体的な支援を行っているか

②地域子育て支援拠点事業

　地域子育て支援拠点事業は「家庭や地域における子育て機能の低下や、子育て中の親の孤独感や負担感の増大等に対応するため、地域の子育て中の親子の交流促進や育児相談等を行う」事業です（図②）。1995年（平成7）に初めて事業として、「地域子育て支援センター事業」が位置づけられ、2002年（平成14）には「つどいの広場事業」が設置され、この2つの事業が統合されたのが、「地域子育て支援拠点事業」です。地域子育て支援拠点事業は現在、「一般型」と「連携型」の2つで構成されています（次頁図③）。令和元年度（2020）、7,578か所で実施されており、基本事業として、①子育て親子の交流の場の提供と交流の促進、②子育て等に関する相談、援助の実施、③地域の子育て関連情報の提供、④子育て及び子育て支援に関する講習等の実施の4つを行っています。

　一般型は、4つの基本事業を実施し、子育て親子が集い、うち解けた雰囲気のなかで語り合い、相互に交流を図る場を提供しています。公共施設の空きスペースや商店街の空き店舗、保育所等や民家等の一室を活用して実施することができます。

　連携型は、4つの基本事業を児童館等の児童福祉施設等において、そこで働く職員等の協力を受けて実施しています。その他にも、中高生や大学生等のボランティアを受け入れ、養成を行っています。勤めている保育所等で実施している場合、保育士は直接事業に携わります。実施していない場合には、地域の子育て家庭に向けて、情報を提供し、子育てに不安や悩みを抱えている子育て家庭に対して支援を行っています。

【図②】地域子育て支援拠点事業整備の経緯と事業内容

地域子育て支援拠点事業

背　景	課　題	地域子育て支援拠点の設置
・3歳未満児の約6〜7割は家庭で子育て ・核家族化、地域のつながりの希薄化 ・自分の生まれ育った地域以外での子育ての増加 ・男性の子育てへの関わりが少ない ・児童数の減少	・子育てが孤立化し、子育ての不安感、負担感 ・子どもの多様な大人・子どもとの関わりの減 ・地域や必要な支援とつながらない	子育て中の親子が気軽に集い、相互交流や子育ての不安・悩みを相談できる場を提供

地域子育て支援拠点

4つの基本事業

①子育て親子の交流の場の提供と交流の促進
②子育て等に関する相談、援助の実施
③地域の子育て関連情報の提供
④子育て及び子育て支援に関する講習等の実施

＋

○更なる展開として
　・地域の子育て支援活動の展開を図るための取組（一時預かり等）
　・地域に出向き、出張ひろばを開設
　・高齢者等の多様な世代との交流、伝統文化や習慣・行事の実施 等

➤ 公共施設や保育所、児童館等の地域の身近な場所で、乳幼児のいる子育て中の親子の交流や育児相談、情報提供等を実施

➤ NPOなど多様な主体の参画による地域の支え合い、子育て中の当事者による支え合いにより、地域の子育て力を向上

R１年度実施か所数（交付決定ベース）
7,578か所

【出典】厚生労働省『子ども・子育て支援　地域子育て支援拠点事業について「地域子育て支援拠点事業とは（概要.pdf）」』、https://www.mhlw.go.jp/stf/seisakunitsuite/bunya/kodomo/kodomo_kosodate/kosodate/index.html

【図③】地域子育て支援拠点事業の概要

地域子育て支援拠点事業の概要

	一般型		連携型	
機能	常設の地域の子育て拠点を設け、地域の子育て支援機能の充実を図る取組を実施		児童館等の児童福祉施設等多様な子育て支援に関する施設に親子が集う場を設け、子育て支援のための取組を実施	
実施主体	市町村（特別区を含む。） （社会福祉法人、NPO法人、民間事業者等への委託等も可）			
基本事業	①子育て親子の交流の場の提供と交流の促進 ③地域の子育て関連情報の提供		②子育て等に関する相談・援助の実施 ④子育て及び子育て支援に関する講習等の実施	
実施形態	①～④の事業を子育て親子が集い、うち解けた雰囲気の中で語り合い、相互に交流を図る常設の場を設けて実施 ・地域の子育て拠点として地域の子育て支援活動の展開を図るための取組（加算） 　一時預かり事業や放課後児童クラブなど多様な子育て支援活動を拠点施設で一体的に実施し、関係機関等とネットワーク化を図り、よりきめ細かな支援を実施する場合に、「地域子育て支援拠点事業」本体事業に対して、別途加算を行う ・出張ひろばの実施（加算） 　常設の拠点施設を開設している主体が、週1～2回、1日5時間以上、親子が集う場を常設することが困難な地域に出向き、出張ひろばを開設 ・地域支援の取組の実施（加算）※ ①地域の多様な世代との連携を継続的に実施する取組 ②地域の団体と協働して伝統文化や習慣・行事を実施し、親子の育ちを継続的に支援する取組 ③地域ボランティアの育成、町内会、子育てサークルとの協働による地域団体の活性化等地域の子育て資源の発掘・育成を継続的に行う取組 ④家庭に対して訪問支援等を行うことで地域とのつながりを継続的に持たせる取組 ※利用者支援事業を併せて実施する場合は加算しない。		①～④の事業を児童館等の児童福祉施設等で従事する職員等のバックアップを受けて効率的かつ効果的に実施 ・地域の子育て力を高める取組の実施（加算） 　拠点施設における中・高校生や大学生等ボランティアの日常的な受入・養成の実施	
従事者	子育て支援に関して意欲があり、子育てに関する知識・経験を有する者（2名以上）		子育て支援に関して意欲があり、子育てに関する知識・経験を有する者（1名以上）に児童福祉施設等の職員が協力して実施	
実施場所	公共施設空きスペース、商店街空き店舗、民家、マンション・アパートの一室、保育所、幼稚園、認定こども園等を活用		児童館等の児童福祉施設等	
開設日数等	週3～4日、週5日、週6～7日／1日5時間以上		週3～4日、週5～7日／1日3時間以上	

【出典】厚生労働省『子ども・子育て支援　地域子育て支援拠点事業について「地域子育て支援拠点事業とは（概要.pdf）」』、
https://www.mhlw.go.jp/stf/seisakunitsuite/bunya/kodomo/kodomo_kosodate/kosodate/index.html

③妊婦健康診査

　妊婦健康診査は「妊婦の健康の保持及び増進を図るため、妊婦に対する健康診査として、①健康状態の把握、②検査計測、③保健指導を実施するとともに、妊娠期間中の適時に必要に応じた医学的検査を実施する」事業です（表①）。厚生労働省では、標準的な妊婦健康診査として14回分のスケジュールを示しています。妊娠初期～23週に4週間に1回の割合で4回、妊娠24～35週に2週間に1回の割合で6回、妊娠36週～出産まで1週間に1回の割合で4回、合計14回程度の健診を受けるよう勧めています。健診で毎回行う項目は、健康状態の把握や検査計測、保健指導です。必要に応じて医学的検査として血液検査や超音波検査等を行います。健診に関しては各自治体により公費による助成が行われており、受診券や補助券という形で支給されています。

【表①】妊婦健診の回数と内容

期間	妊娠初期〜23週	妊娠24週〜35週	妊娠36週〜出産まで
健診の回数 （1回目が8週の場合）	1・2・3・4	5・6・7・8・9・10	11・12・13・14
受診間隔	4週間に1回	2週間に1回	1週間に1回
毎回共通する 基本的な項目	●健康状態の把握…妊娠週数に応じた問診・診察等を行います。 ●検査計測…妊婦さんの健康状態と赤ちゃんの発育状態を確認するための基本検査を行います。 基本検査例：子宮底長、腹囲、血圧、浮腫、尿検査〔糖・蛋白〕、体重〔1回目は身長も計測〕 ●保健指導…妊娠期間を健やかに過ごすための食事や生活に関するアドバイスを行うとともに、妊婦さんの精神的な健康に留意し、妊娠・出産・育児に関する不安や悩みの相談に応じます。また、家庭的・経済的問題などを抱えており、個別の支援を必要とする方には、適切な保健や福祉のサービスが提供されるように、市区町村の保健師等と協力して対応します。		
必要に応じて 行う医学的検査	●血液検査 初期に1回 血液型（ABO血液型・Rh 血液型・不規則抗体）、血算、 血糖、B型肝炎抗原、C型 肝炎抗体、HIV抗体、梅毒 血清反応、風疹ウイルス抗体 ●子宮頸がん検診（細胞診） 初期に1回 ●超音波検査 期間内に2回	●血液検査 期間内に1回 血算、血糖 ●B群溶血性レンサ球菌 （GBS）検査 期間内に1回 ●超音波検査 期間内に1回	●血液検査 期間内に1回 血算 ●超音波検査 期間内に1回
	●血液検査 妊娠30週までに1回 HTLV-1抗体検査 ●性器クラミジア 妊娠30週までに1回		

【出典】厚生労働省『〜すこやかな妊娠と出産のために〜"妊婦健診"を受けましょう』リーフレット、平成23年4月現在／厚生労働省『妊婦に対する健康診査についての望ましい基準（厚生労働省告示第二百二十六号）』平成二十七年三月三十一日より作成。

④乳児家庭全戸訪問事業（こんにちは赤ちゃん事業）

　乳児家庭全戸訪問事業（こんにちは赤ちゃん事業）は「生後4か月までの乳児のいるすべての家庭を訪問し、子育て支援に関する情報提供や養育環境等の把握、育児に関する不安や悩みの相談を行う」事業です。各家庭を保健師や助産師等が訪問し、母親の体調や家庭環境を確認したり、育児に関しての不安や悩みの相談に応じたり、必要であれば情報を提供します。また、実際にサービスの提供につなげていくことも行います。この訪問指導は母子保健法第11条においても定められているもので、乳児家庭全戸訪問事業と併せて事業を実施していくことと「乳児家庭全戸訪問事業ガイドライン」（厚生労働省）において記載されています。

⑤養育支援訪問事業

　養育支援訪問事業は「乳児家庭全戸訪問事業などにより把握した、保護者の養育を支援することが特に必要と判断される家庭に対して、保健師・助産師・保育士等が居宅を訪問し、養育に関する相談支援や育児・家事援助などを行う」事業です。「養育支援訪問事業ガイドライン」においては、訪問する対象者として次のような家庭を挙げています。

---

❶若年の妊婦及び妊婦健康診査未受診や望まない妊娠等の妊娠期からの継続的な支援を特に必要とする家庭

❷出産後間もない時期（おおむね1年程度）の養育者が、育児ストレス、産後うつ状態、育児ノイローゼ等の問題によって、子育てに対して強い不安や孤立感等を抱える家庭

❸食事、衣服、生活環境等について、不適切な養育状態にある家庭など、虐待のおそれやそのリスクを抱え、特に支援が必要と認められる家庭

❹児童養護施設等の退所又は里親委託の終了により、児童が復帰した後の家庭

【出典】厚生労働省『養育支援訪問事業ガイドライン』より抜粋

　養育支援訪問事業は、保護者による適切な養育を図っていくことはもちろんですが、虐待を未然に防ぐための大きな役割も果たしています。

⑥子育て短期支援事業

　子育て短期支援事業は「母子家庭等が安心して子育てしながら働くことができる環境を整備するため、一定の事由により児童の養育が一時的に困難となった場合に、児童を児童養護施設等で預かる短期入所生活援助（ショートステイ）事業、夜間養護等（トワイライトステイ）事業」です。保護者の疾病や就業、冠婚葬祭等の理由により家庭において養育を受けることが一時的に困難となった児童について、一定の期間において児童養護施設等で必要な保護を行う事業のことです。この事業は育児疲れや育児不安等で養育が難しい場合にも利用できます（事前に他機関への相談が必要）。児童養護施設等に勤めている保育士は、実際にショートステイやトワイライトステイにおいて、子どもたちへの養育（保護）に直接的にあたります。保育所等に勤めている保育士はショートステイやトワイライトステイの事業について理解し、とくにひとり親家庭等の保護者に対して困っている際にはこの事業について説明をし、利用を勧めることで、家庭支援を行います。地域によっては両方実施している場合もありますが、自治体によってはショートステイしか実施していないこともありますので、その地域の情報をきちんと把握して伝えましょう。

⑦子育て援助活動支援事業（ファミリー・サポート・センター事業）

　子育て援助活動支援事業は、「乳幼児や小学生等の児童を有する子育て中の労働者や主婦等を会員として、児童の預かり等の援助を受けることを希望する者と当該援助を行うことを希望する者との相互援助活動に関する連絡、調整を行う」事業です。利用したい側と援助したい側の利益が一致し、提供されるサービスです。就業時間によっては保育所の送迎に間に合わない場合等に活用することができます。保護者は、ファミリー・サポート・

センターを通して会員登録をし、実際に活用します。ファミリー・サポート・センターでは会員向けの講習会も実施し、会員が利用しやすいような支援が行われています。

　保育所等では、すでに送迎の際に利用している保護者もいるかと思います。地域の子育て家庭ではこのような事業を知らない場合が多いので、情報の提供を保育士が行っていくとよいでしょう。

⑧一時預かり事業

　一時預かり事業は「家庭において一時的に保育を受けることが困難になった乳幼児について、保育所、幼稚園その他の場所で一時的に預かり、必要な保護を行う」事業です。主に日中の時間に利用することができます。保護者の事情により、一時的に養育ができない場合や育児によるストレスや疲れがあり、保護者の心身に影響が出ている場合等に活用することができます。一時預かり事業のなかには「一般型」「幼稚園型Ⅰ」「幼稚園型Ⅱ」「余裕活用型」「居宅訪問型」「地域密着Ⅱ型」があります。「一般型」は、保育所、幼稚園、認定こども園等で一定の利用児童が見込まれる場所で実施するものです。「幼稚園型Ⅰ」は、幼稚園又は認定こども園で実施するものです。「幼稚園型Ⅱ」は、保育を必要とする2歳児の受けⅢとして定期的な預かりを行うものです。「余裕活用型」は、保育所や認定こども園等で子どもの定員数に達していない場合に定員人数まで一時預かりすることができるものです。「居宅訪問型」は、利用児童の居宅において実施するものです。「地域密着Ⅱ型」は、地域子育て支援拠点や駅の周辺等、利便性の高い場所で実施するものです。

　一時預かりは多くの保育所で行われている事業ですので、実際にそのクラスの担当となり、支援を行う保育士もいます。それ以外に保育士が行うことができるのは、やはり子育て家庭に向けた情報提供を行うことです。とくに、地域の子育て家庭は日中子どもたちとずっと一緒に過ごすことが多く、ストレスや疲れなどの蓄積により、虐待等への発展も考えられます。その前にこの事業を活用して保護者の負担を少しでも減らすことのできる支援を行うことができます。

🖋 ミニワーク②

　▶ 「考えてみよう」
　　一時預かり事業を保育所等で実施する場合には、どのようなことに配慮する必要があるでしょうか。
　【考え方のヒント】
　・保護者に対してはどのよう配慮が必要でしょうか。
　・子どもにはどのような配慮が必要でしょうか。

---

⑨延長保育事業

　延長保育事業は「保育認定を受けた子どもについて、通常の利用日及び利用時間以外の日及び時間において、保育所等で引き続き保育を実施する」事業です。保護者の就労の形態は様々で、通常の保育時間以外で保育時間を延長して子どもを預けなくてはならない状

況も現在では多くなってきており、多くの保育所等で実施されている事業です。保育士として延長保育の担当となり、保育を行うことがあります。

⑩病児保育事業

病児保育事業は「病気の児童について、病院・保育所等に付設された専用スペース等において、看護師等が一時的に保育等を行う」事業です。2018年度（平成30）では、現在全国3,130か所で実施されていますが、まだまだ数が少ないのが現状です（図④）。

病児保育には、病児対応型、病後児対応型、体調不良児対応型、非施設型（訪問型）の4つがあります。病児対応・病後児対応型は、病院や保育所等に付設された専用のスペースで看護師等が一時的に保育を行うものです。体調不良児対応型は、保育中の体調不良児について一時的に別室で預かり、保育を行うものです。非施設型（訪問型）は、地域の病児・病後児について看護師等がその子どもの家庭へ直接訪問し、一時的に保育を行うものです。自身の勤めている保育所で事業を実施していれば関わることがあります。また、実施をしていなくても、どこの保育所や病院等で実施しているのかは把握しておくことが必要です。地域の子育て家庭で困っている場合にはこの事業の情報を提供し、利用を勧めることで支援を行います。

【図④】病児保育事業の実施状況の推移

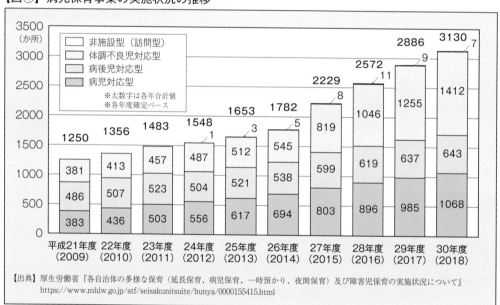

【出典】厚生労働省『各自治体の多様な保育（延長保育、病児保育、一時預かり、夜間保育）及び障害児保育の実施状況について』
https://www.mhlw.go.jp/stf/seisakunitsuite/bunya/0000155415.html

🖊 **ミニワーク③**

▶「調べてみよう」

　自分の住んでいる地域で、病児保育事業がどの程度実施されているか調べてみましょう。また、どこで実施されているのかも調べてみましょう。

⑪放課後児童健全育成事業（放課後児童クラブ）

　放課後児童健全育成事業は「保護者が労働等により昼間家庭にいない小学校に就学している児童に対し、授業の終了後等に小学校の余裕教室や児童館等において適切な遊び及び生活の場を与えて、その健全な育成を図る」事業です。現在、保育を必要とする子どもの多くが小学校に進学する際に活用しています。保育士として事業を提供している場合もあります。保育所等で勤める保育士はこの事業について理解をし、保育所を利用している保護者はもちろん、地域の子育て家庭に向けても情報提供を行います。

⑫実費徴収に係る補足給付を行う事業

　実費徴収に係る補足給付を行う事業は「保護者の世帯所得の状況等を勘案して、特定教育・保育施設等に対して保護者が支払うべき日用品、文房具その他の教育・保育に必要な物品の購入に要する費用又は行事への参加に要する費用等を助成する」事業です。多くの場合、この事業に関しては市町村等で対応されていますが、現場で働く保育士としてはこの事業の内容を理解し、この事業を利用している保護者がいることを把握しておくことが必要です。

⑬多様な事業者の参入促進・能力活用事業

　多様な事業者の参入促進・能力活用事業とは、「地域の教育・保育需要に沿った教育・保育施設、地域子ども・子育て支援事業の量的拡大を進める上で、多様な事業者の新規参入を支援するほか、私立認定こども園における特別な支援が必要な子どもの受入体制を構築することで、良質かつ適切な教育・保育等の提供体制の確保を図る」事業です。この事業は「新規参入施設等への巡回支援」と「認定こども園特別支援教育・保育経費」を実施しています。

　「新規参入施設等への巡回支援」は、市町村が小規模保育事業、認定こども園をはじめ、一時預かり事業や地域子育て支援拠点事業などの地域子ども・子育て支援事業に新規参入する事業者に対して、保育士経験等の事業経験のある者を活用し、巡回支援等を行うために必要な費用の一部を補助するものです。「認定こども園特別支援教育・保育経費」は、これまでの事業では対象となっていなかった認定こども園で特別な支援が必要な子どもを受け入れる場合に、職員の加配に必要な費用を補助するものです。

第14章
要保護児童等及びその家庭に対する支援

ねらい ・要保護児童等支援の必要な家庭と保育士の支援について理解する。
・社会資源を利用した支援について説明できる。

1 要保護児童と家庭への支援

(1) 子ども虐待について

虐待の種類に関しては第11章にて触れていますが、虐待は日本では減ることのない問題です。虐待の相談件数の統計をとり始めてから一度も減ることはなく、現在でも増加し続けています。表①は、児童相談所で対応した虐待の相談件数一覧です。

【表①】児童相談所での児童虐待相談対応件数

年度	平成21 (2009)	平成22 (2010)	平成23 (2011)	平成24 (2012)	平成25 (2013)
件数	44,211	※56,384	59,919	66,701	73,802
年度	平成26 (2014)	平成27 (2015)	平成28 (2016)	平成29 (2017)	平成29 (2018)
件数	88,931	103,286	122,575	133,778	※159,850

(備考) ※平成22年度の件数は、東日本大震災の影響により、福島県を除いて集計した数値。
　　　　※平成30年度は速報値。厚生労働省『子ども虐待による死亡事例等の検証結果等について（第15次報告）
　　　　　及び児童相談所での児童虐待相談対応件数』令和元年8月、より作成

子どもの数は減少傾向にありますが、虐待は増加の一途をたどっています。子どもの虐待は子どもの身体を傷つけるだけではなく、心や精神にも大きな傷を残します。その傷は子どもたちの発達に大きな影響を及ぼし、その子どもの一生を大きく変えてしまうほどの影響をもたらします。保育所保育指針第1章総則1(1)に示されるように、保育所は、健全な心身の発達を図ることを目的とする児童福祉施設であり、入所する子どもの最善の利益を考慮し、その福祉を積極的に増進する施設です。保育士には、子どもの健全な心身の発達を援助する役割があります。

虐待は児童虐待防止法において、身体的虐待、性的虐待、ネグレクト（育児放棄）、心理的虐待の4種類と定義されています。これら虐待は4種類ですが、一つの虐待が子どもにもたらす影響は一つではありません。また、一つの虐待だけを子どもが受けているというわけでもありません。複数の虐待を受けている子どももいます。子どもが虐待を受けるとどのような影響が出るのかに関しては、次頁の表②にまとめてあります。必ずこのような影響が出るわけではないですし、虐待を受けていた時間や置かれている環境、子どもの年齢などによっても異なってきます。

⑵ 保育士が行う支援

　施設に勤める保育士は、子どもが安心、安全な環境で生活し、自分が必要とされる大切な存在であるということを伝え、子どもの成長・発達を支援します。保育所や認定こども園の保育士は、子どもの虐待に早く気づくことができる立場にあります。児童虐待防止法第5条にも「学校、児童福祉施設、病院、都道府県警察、婦人相談所、教育委員会、配偶者暴力相談支援センターその他児童の福祉に業務上関係のある団体及び学校の教職員、児童福祉施設の職員、医師、歯科医師、保健師、助産師、看護師、弁護士、警察官、婦人相談員その他児童の福祉に職務上関係のある者は、児童虐待を発見しやすい立場にあること

【表②】虐待に気づくためのチェックリスト（東京都）

虐待に該当	子どもの様子	□不自然な外傷（あざ、打撲、やけどなど）が見られる
		□家の外に閉め出されている
		□衣服や身体が極端に不潔である
		□食事を与えられていない
		□夜遅くまで遊んだり、徘徊している
	保護者の様子	□小さい子どもを置いたまま外出している
		□体罰を正当化する
		□子どもが怪我や病気をしても医師に見せない、怪我等について不自然な説明をする
虐待の可能性	子どもの様子	□いつも子どもの泣き叫ぶ声、叩かれる音が聞こえる
		□極端な栄養障害や発達の遅れが見られる（低身長、低体重、急な体重減少等）
		□季節にそぐわない服装をしている
		□食事に異常な執着を示す
		□ひどく落ち着きがなく乱暴、情緒不安定、過度に緊張し視線が合わない
		□気力がない、表情が乏しく活気がない（無表情）
		□態度が怯えていたり、親や大人の顔色をうかがったり、親を避けようとする
		□家に帰りたくないそぶりがある
		□誰かれなく大人に甘え、警戒心が過度に薄い
	保護者の様子	□地域や親族などと交流がなく、孤立している、支援に拒否的である
		□子どもの養育に関して拒否的、無関心である
		□年齢不相応な養育（しつけ）を正当化する
		□子どもに対して拒否的な発言をする
		□気分の変動が激しく、子どもや他人にかんしゃくを爆発させる
		□夜間徘徊などを黙認する
関係機関別	保育所・幼稚園・学校等	□給食やおやつを不自然なほどガツガツと食べる
		□無断欠席が多く連絡がとれない
		□保護者がいつも行事などに子どもを参加させない
		□治療が必要であっても受診させない

【出典】東京都福祉保健局『虐待に気づくためのチェックリスト（平成31年)』より作成

を自覚し、児童虐待の早期発見に努めなければならない。」と規定されているように、保育士も児童福祉施設の職員であり、子どもの虐待を未然に防ぐ、または起きてしまった虐待を早期に発見し、対応することが求められています。

　各保育所等には、子ども虐待に関するチェックリストがあります。これは、各地域で統一して使用しているものもあれば、各保育所等で独自に検討し作成したものを使用している場合もあります。前頁の表②は、東京都で使用されているチェックリストです。様々な機関で使用することができるように共通項目と関係機関別のチェックリストがあります。保育所が行う機関別チェックリストも含め確認してみましょう。

　「虐待に該当」の部分は一つでも該当した場合は通告をすること、「虐待の可能性」の部分の項目にいくつか当てはまる場合は虐待の可能性があるため、迷わず通告することとしています。虐待かもしれないと思われる場合は、自分一人だけではなく主任や園長等にも情報共有し、他の保育士からも確認を行い、このようなチェックリストを用いて確認を行います。

　では、実際に保育所で虐待の疑いがある子どもの事例で対応を考えてみましょう。

📄 事例①

　Aくん（4歳）はもともとひとり親家庭であった。Aくんが3歳のときに母親が再婚し、Aくんは今、母親と義父と一緒に生活している。義父は保育園の送迎にも来ていて、再婚してからもAくんのことを可愛がっている様子が見られた。ある日、Aくんと保育士が一緒に遊んでいたところ、棚の上に飾ってあった制作物が、Aくんが棚にぶつかったことで上から落ちてきそうになった。とっさに保育士がAくんの頭上に手を伸ばしてキャッチしたところ、Aくんは保育士の手が頭上に伸びる瞬間に怯えた顔をして「やめて！」と両手で頭を抱えてしゃがみこんだ。保育士は「Aくん大丈夫？　お面が落ちそうだったんだよ。怖かったよね」と声をかけた。すると、Aくんは少しホッとしたような表情を見せ、「お面が落ちそうだったの？　Aを叩こうとしたんじゃないの？」と言ってきた。保育士は驚き、「そんなことしないよ。どうしてAくんの叩くと思ったの？」とたずねると「Aが悪いことしたから？」と言った。「Aくんは何も悪いことしてないよ」と伝えた。Aくんのこの行動を少し不審に思った保育士は「Aくんは悪いことすると叩かれちゃうことがあるの？」と聞くと、少し黙った後、Aは「新しいパパはAのことを叩くよ。やめてってお願いしても、叩くよ。新しいパパはAが悪い子だから叩くんだ」と言った。保育士は保育所内で今日の話を共有し、しばらくAくんの様子を注意深く観察することとした。

　数日後、園庭で遊んでいた際に泥遊びをして汚れてしまったため、着替えを行おうと保育士がAくんに声をかけ、着替えの様子を見守っていると腕に痣を発見した。保育士はAくんに「ここどうしたの？」と痣についてたずねた。Aくんは黙ってしまった。保育士は「Aくんの怪我が心配なんだ。どこで怪我したの？」と聞くと、Aくんは小さな声で「パパに怒られたときに、叩かれた」と答えた。

🔧 ミニワーク①

▶「事例①から考えてみよう」
①このケースの場合、保育士はどのような対応をすればよいでしょうか。
②虐待が発覚したときに、保育所ではどのように対応していけばよいでしょうか。

　この話をAくんから聞いた後に保育士はどのような対応をとっていくとよいでしょうか。まずは、この話を主任や園長を含め、保育所内で共有します。先日のAくんの話から考え、日常的に叩かれていることが考えられます。母親が送迎に来た際に、Aくんの痣（あざ）について保育士から確認をしてみましょう。この確認に関しては、きちんと保護者との信頼関係が成り立った上で行う必要があります。そのため、日頃から保育士は保護者との信頼関係を形成しておくことが重要です。そして、母親との受け答えの様子も注意深く観察することが必要です。

　下記の図は、虐待が起きた際に保育所がとる対応の流れを示したものです。

【図①】保育所等における虐待対応のイメージ

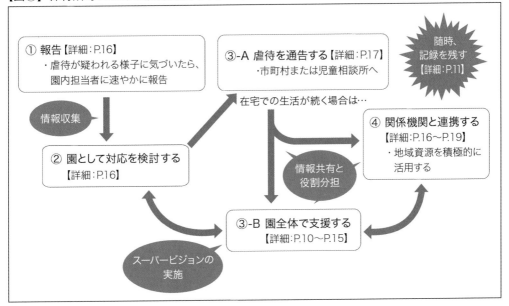

（備考）図内の頁表記は、出典元の頁表記。
【出典】社会福祉法人全国社会福祉協議会 全国保育士会『これって虐待？ 子どもの笑顔を守るために 保育者向け児童虐待防止のための研修用ワークブック』令和2年3月、p.9

　事例のような場合、母親に話を聞くことと同時に保育所内で園長や主任等と相談し、虐待のチェックリストを用いて確認していくことも必要です。保育所が虐待かどうかを判断するのではなく、その判断は児童相談所が行います。先ほど説明したように、保育士には通告する義務があります。虐待の行為がはっきりわからなくても、疑わしい状況にある場合には市町村や児童相談所に通告しなければなりません。その後の対応に関しては、市町村や児童相談所の指示を仰ぎましょう。もし、Aくんの虐待が命の危険性があるような緊急度の高いケースの場合には、すぐに児童相談所に連絡をし、対応することが必要です。

2 外国籍家庭への支援

(1) 外国籍家庭について

　現在の日本社会のなかでは日本に在留する外国人の増加に伴い、外国籍や外国にルーツをもつ子どもも増えてきています。保育所等ではそのような外国にルーツをもつ子どもも受け入れています。宗教や文化、言葉も違うため、子どもだけではなく保護者も含めてコミュニケーションがとれないことや、子どもの言語の発達に課題があるなど様々なトラブルが実際に現場でも起きています。そのため、保育士は外国にルーツをもつ子どもの受け入れや保護者への対応に関する支援の技術も必要になります。保育士は、外国にルーツをもつ子どもへどのような関わりや配慮をし、またその家庭に対してどのような支援ができるのでしょうか。

(2) 保育士が行う支援

　外国にルーツをもつ子どもが保育所に入所してくる前に、保育士には確認しておくべき事柄がいくつかあります。まずは、保護者や子どもの言葉の理解度についてです。入所する時点で、どの程度、日本語が通じるのか、会話がスムーズにできるのか、会話はできるが文字は読めない、平仮名・片仮名は読めるが漢字は読めないなど細かく確認しておくことが必要です。ここで、保護者の言葉の理解度に合わせた形でのコミュニケーションを保育士は考えていきます。おたよりや連絡帳は言葉の理解度によっては平仮名で書いたり、イラストを用いてなるべく短い文章で伝えたりするなど、わかりやすい表現を心掛けて書いていきます。また、文化や宗教、習慣の違いに関しても確認しておくことが必要です。とくに宗教によっては食べられない食事もあります。給食の際にどのような配慮が必要なのか等、子どもが保育所で生活していく上で必要と思われる細かい部分を保護者と一緒に確認し、対応を検討していくことが求められます。言葉に関してまったくコミュニケーションがとれない場合には、行政によっては通訳の派遣を紹介してくれたり、それぞれの地域によっては通訳の派遣をお願いできたりするような社会資源がある場合もあります。

　では、実際に保育士が対応する事例を見ながら、支援について考えてみましょう。

📄 **事例②**

　年度の途中に入園してきたBくん（3歳）は両親共に台湾人で、これまで台湾で生活をしてきていたが、日本との仕事の関係で、日本で生活することになった。両親は片言ではあるが、日本語を多少理解することはできるが、スムーズに会話をしたり、文字を読んだりすることはできない。日常生活で使用しているのは中国語である。Bくんは日本語を話すことができないし、単語を理解することもできておらず、両親とは中国語で会話をしている。Bくんは言葉が通じないため、子どもたち同士の遊びの輪になかなか入れなかったり、他の子どもたちが遊びに誘っても遊ぶことができなかったりして、一人で遊ぶことも多い。

▶「事例②から考えてみよう」
　保育所はBくんやその家庭に対して、どのような対応をとっていけばよいでしょうか。

　今回のケースのように子どもがなかなか保育園になじめなかったり、保護者とのコミュニケーションをとりづらかったりする場合の対応を考えてみましょう。子どもに対しては、保育士が積極的に声をかけ、遊びに誘ったり、一緒に遊んだりして関わりをもつようにします。また、保育士自身が簡単な挨拶や「はい」、「いいえ」、日常の保育で使うような単語（洋服とか食事など）の単語を調べて覚えることも必要です。子どもたち（日本の園児、外国籍の園児）にもコミュニケーションがとれるように挨拶や「はい」、「いいえ」などを教えるとよいです。他にもジェスチャーや写真、イラストを用いて言葉を理解していくこともできます。保護者に対しては、言葉でのコミュニケーションが難しいため、自治体と連携をとり、外国人向けの支援を確認し、活用できる方法や資源がないかを調べます。外国人労働者が多く住んでいる地域では、外国人向けに多くの支援を用意しているところもあります。また、必要な場合には通訳の派遣を行ってくれる場合もあります。各自治体にもよりますが、自治体が通訳の派遣を直接手配してくれなくても、通訳等の支援を行うNPO等を紹介してくれることもあります。Bくんの家庭が日本での生活で何か困っていれば、会社等の支援を受けることもあるかと思いますが、保育所も相談できる場の紹介ができるように情報を把握しておくことが必要です。「外国人総合相談支援センター」や「国際交流センター」など地域の外国人向けの支援があるので、そのような機関を紹介できるとよいでしょう。

3　ひとり親家庭への支援

(1)　ひとり親家庭について

　2015年（平成27）の国勢調査によれば、前回の調査時より、ひとり親と子どもから成る世帯は5％増となっており、一般世帯に占める割合は8.7％から8.9％に上昇しています。ひとり親の世帯が全体の世帯のうち1割近くに増加していることがわかります。ひとり親世帯が一般世帯に占める割合の内訳は、男親の世帯は1.3％、女親の世帯は7.6％となっています。ひとり親世帯の生活の状況に関しては第11章でも触れられていますが、様々な支援が必要なひとり親家庭も多いことがわかるかと思います。

（2）保育士が行う支援

　ひとり親家庭へ保育士が行う支援は、多くの場合、保育士が子どもや保護者に向けて何か直接的な支援を行うということではなく、それぞれの家庭に対して活用できる社会資源の紹介、つまり、ひとり親家庭と支援を結びつける役割を果たしています。ひとり親家庭は仕事、家事、育児に追われ、地域にあるどのような支援を活用することができるのか把握していない場合も多くあります。保育士はそのような家庭に対して、地域にある活用できる社会資源についての情報を伝え、その資源の活用方法について伝えます。そうすることで、ひとり親家庭が困っていること等を解決に導く支援ができます。そのために、保育士はその地域にどのような活用できる社会資源があるのかを把握しておくことが必要となります。具体的にどのような支援があるのか、事例を通して考えてみましょう。

📄 事例③

　Cちゃんは4歳（女児）である。母親は未婚でCちゃんを出産し、育てているひとり親家庭である。母親は延長保育を使い、朝早くからCちゃんを保育所に預け、お迎えもいつもギリギリの時間になってやってくる。一生懸命に子育てをしている様子が保育士にも伝わってきていた。最近、Cちゃんは保育園に登園してくるときに以前より元気がない。表情も暗く、なかなか母親と離れず、登園の際はぐずってしまうことが増えた。保育士は最近のCちゃんの登園の様子が気になり、母親が迎えに来たときに「最近、Cちゃん、園でもあまり元気がありません。ご家庭での様子はどうですか？」とたずねてみた。すると母親はしばらく沈黙していたが、「多分なんですけど。実は、私の仕事が忙しく、日曜や祝日にも仕事に出ることが増えてしまって、Cと一緒に過ごす時間をもつことができていません。家に帰ってもご飯を食べさせて、お風呂に入れて寝かすことで精一杯で、遊んだり、話をしたりすることもあまりできていません。Cから話しかけられても私が対応するだけの心の余裕もなくて…。いつも後でとか、今忙しいからなどと言って、Cの話もちゃんと聞いてあげられていません。だからなのか、最近、保育園に行くことも朝嫌がることが多くて。私も働かないと生活できませんし、Cには申し訳ないけど我慢してもらうしかなくて…」と話してくれた。

✎ ミニワーク③

▶「事例③から考えてみよう」
①Cちゃんの母親が使うことができる社会資源にはどのようなものがあるでしょうか。
②保育士が行える支援にはどのようなものがありますか。

　まず、ひとり親家庭が利用できる支援に関しては様々な種類の支援があります。❶子育て・生活支援、❷就業支援、❸養育費確保支援、❹経済的支援の4つに分けることができます。今回のケースでは、Cちゃんとの生活に関する内容であるため、❶子育て・生活支援や、日曜や祝日の仕事が多く、仕事に関してのことも考えるのであれば❷就業支援も当てはまります。

　❶子育て・生活支援には、以下の表③のような内容が含まれます。

【表③】ひとり親家庭の子育て・生活支援関係の主な事業

事業名		支援内容	実績等
母子・父子自立支援員による相談支援		ひとり親家庭及び寡婦に対し、生活一般についての相談指導や母子父子寡婦福祉資金に関する相談・指導を行う。	（勤務場所）原則、福祉事務所 （配置状況）1,762人 　（常勤494人 非常勤1,268人） （相談件数）715,174件
ひとり親家庭等日常生活支援事業		修学や疾病などにより家事援助、保育等のサービスが必要となった際に、家庭生活支援員の派遣等を行う。	（派遣延件数）39,785件
ひとり親家庭等生活向上事業	相談支援事業	ひとり親家庭等が直面する様々な課題に対応するために相談支援を行う。	（相談延件数）27,532件
	家計管理・生活支援講習会等事業	家計管理、子どものしつけ・育児や健康管理などの様々な支援に関する講習会を開催する。	（受講延件数）12,431件
	学習支援事業	高等学校卒業程度認定試験の合格のために民間事業者などが実施する対策講座を受講している親等に対して、補習や学習の進め方の助言等を実施する。	（利用延件数）13件
	情報交換事業	ひとり親家庭が定期的に集い、お互いの悩みを相談しあう場を設ける。	（開催回数）581回
	子どもの生活・学習支援事業	ひとり親家庭の子どもに対し、放課後児童クラブ等の終了後に基本的な生活習慣の習得支援、学習支援や食事の提供等を行い、ひとり親家庭の子どもの生活の向上を図る。	（利用延人数）258,703人
母子生活支援施設		配偶者のない女子又はこれに準ずる事情にある女子及びその者の監護すべき児童を入所させて、これらの者を保護するとともに、これらの者の自立の促進のためにその生活を支援し、あわせて退所した者について相談その他の援助を行うことを目的とする施設。	施設数：226か所 定員：4,672世帯 現員：3,735世帯（児童6,333人）
子育て短期支援事業		児童の養育が一時的に困難となった場合に、児童を児童養護施設等で預かる事業。	ショートステイ実施：849箇所 トワイライトステイ実施：415箇所

（備考）実績等について　　母子・父子自立支援員：平成30年度末現在、母子生活支援施設：平成30年度末現在、
　　　　子育て短期支援事業：平成30年度変更交付決定ベース、ひとり親家庭等日常生活支援事業及びひとり親家庭等
　　　　生活向上事業：平成30年度実績
　　　　厚生労働省子ども家庭局家庭福祉課『ひとり親家庭等の支援について（令和2年4月）』より作成

　今回のケースでは、「母子・父子自立支援員による相談・支援」や「ひとり親家庭等生活向上事業」を活用することができます。このような事業を保育士が紹介し、どこに相談に行けばよいのかを伝えてあげることが必要です。Ｃちゃんの母親には、福祉事務所や市町村の相談窓口を紹介すると良いと考えられます。現在では、なかなか相談に出向くことができないひとり親家庭に向けたサービスも行われています。それが、次頁の図②に示すものです。

　市町村においては現在、相談窓口のワンストップ化を進めているところです。様々な支援を活用する際に、窓口がいろいろと違って対応が複雑化していたものが相談窓口を一つにすることで利用しやすい体制に整えています。また、直接訪問しなくてもスマホ等を使用して支援の情報を入手したり、メールを活用した支援が行われたりしています。このような取り組みを保育士が保護者に伝えることで様々な社会資源を利用することができるようになります。

　Ｃちゃんの母親の仕事に関して検討する場合には、「マザーズハローワーク」や「母子

家庭等就業・自立支援センター」を活用することが考えられます。「マザーズハローワーク」では、子育て女性等を対象にした利用しやすいハローワークとなっており、子連れで利用することができますし、仕事と子育てが両立しやすい就職の求人を紹介してくれるなど就業支援を行っています。「母子家庭等就業・自立支援センター」では、母子家庭の母親等に対して就業相談を行っています。休日・祝日の出勤がない仕事をと考える場合には、そのような就業支援を活用することができます。

【図②】自治体の窓口のワンストップ化の推進

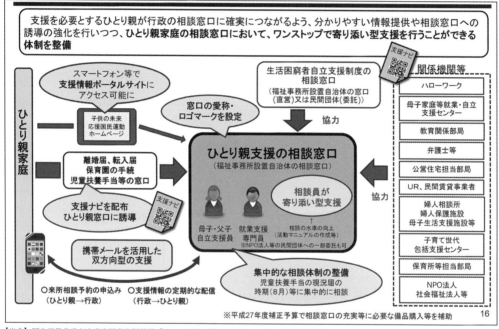

【出典】厚生労働省子ども家庭局家庭福祉課『ひとり親家庭等の支援について（令和2年4月）』

4 障害や精神疾患を抱えている家庭への支援

（1）障害や精神疾患を抱えている家庭について

　現在、日本では精神疾患により医療機関にかかっている患者は年々増加してきており、2017年（平成29）では400万人以上となりました[1]。内訳としては、うつ病、統合失調症、不安障害、認知症などの疾患が多くなっており、とくに近年では、うつ病や認知症などの増加がみられます。これだけ多くの人が精神疾患を抱えている現代社会においては、当然保護者のなかにも精神疾患を抱えている保護者もいます。また、精神疾患だけではなく、様々な疾患や障害を抱えている保護者もなかにはいます。そのような場合に、保育士は保護者やその家庭に対してどのような支援を行っていけばよいのでしょうか。

★1　厚生労働省『知ることからはじめよう　みんなのメンタルヘルス「精神疾患による患者数」』https://www.mhlw.go.jp/kokoro/speciality/data.html

(2) 保育士が行う支援

　障害や精神疾患等を抱えている家庭に対して保育士が行うことができる支援はひとり親家庭の際に学んだように、支援と家庭を結びつける役割が大きいと思います。直接的に保育士が専門的な技術を用いた支援を行うことは、専門性が異なるため、難しいです。しかし、子どもやそれぞれの家庭が日常生活を営む上で困らないように、保育士が必要と思われる支援について紹介することはできます。また、そのような支援について障害や精神疾患が理由で直接利用を申し込むこと等ができない場合にも、保育士は他機関の専門職等と連携をとりながら、家庭への支援にあたっていくことができます。では、どのような支援を利用することができるのか、具体的にみていきましょう。

📄 事例④

　Dちゃん（1歳）の母親は、保育園に入園当初から精神疾患（うつ病）を抱えている。父親はいるが、出張等の多い仕事のようで、父親が送迎を行うことはほとんどなく、主に母親が送迎を行っている。しかし、うつ病の状態によっては保育園に来られないこともあり、連絡もとれなかったりする。父親とは連絡をとれるが、Dちゃんの様子について詳しい情報を聞き出すことができない。

🖊 ミニワーク④

　▶「事例④から考えてみよう」
　　このような事例の場合、保育園ではどのように対応したらよいでしょうか。

　このケースだけではなく精神疾患を抱えている家庭の場合、日々病状が違うため、保護者への対応にも変化が求められます。病状が悪ければ、外に出ることや子どもへ対応することが難しい状況もあり得ます。その際には登園することも難しいでしょう。そのような精神疾患の病状等を保育士もきちんと理解しておくことが必要となります。その状況に合わせて保育士も保護者への声かけや対応も変えて、本人にとって負担とならないような声かけ等を行っていきます。本人が理解してもらえず、責められていると感じてしまうことがないようにします。園内だけでの対応が難しい場合には他機関と連携した対応も必要だと考えられます。精神疾患での連携を行う場合には保健センターに連携を求めることができます。保健センターの保健師は専門的な支援を行うことができ、精神疾患への対応だけではなく、発達に遅れのある子どもの支援等も行うことができます。保健師が家庭に訪問して支援することも可能です。保健師と保育所が連携をとることで、同じ方針の下で支援を実施することができます。他にも支援を求めることができる家族や親戚等が近くにいれば、支援を求めることが可能となります。

　保育士が対応できることには限りがあります。無理して保育所のなかだけで解決しようとするのではなく、他機関等に連携を求めることが重要です。

5　障害のある子どもを養育する家庭への支援

(1) 障害のある子どもの現状

　『障害者白書』（令和 2 年版）によると、現在の日本では推計で、身体障害児（18 歳未満）が 72,000 人、知的障害児（18 歳未満）が 225,000 人、精神障害者（20 歳未満）が 276,000 人と、少なからぬ障害のある子どもがいます。

【表④】障害者数（推計）

		総数（万人）	在宅者数（万人）	施設入所者数（万人）
身体障害児・者	18 歳未満	7.2	6.8	0.4
	18 歳以上	419.5	412.5	7
	年齢不詳	9.3	9.3	−
	総計	436	428.7	7.3
知的障害児・者	18 歳未満	22.5	21.4	1.1
	18 歳以上	85.1	72.9	12.2
	年齢不詳	1.8	1.8	−
	総計	109.4	96.2	13.2
精神障害者	20 歳未満	総数	外来患者	入院患者
	20 歳未満	27.6	27.3	0.3
	20 歳以上	391.6	361.8	29.8
	年齢不詳	0.7	0.7	0.0
	総計	419.3	389.1	30.2

（備考）※精神障害者の数は、ICD-10 の「Ⅴ精神及び行動の障害」から知的障害（精神遅滞）を除いた数に、てんかんとアルツハイマーの数を加えた患者数に対応している。
　　　　※身体障害児・者及び知的障害児・者の施設入所者数には、高齢者関係施設入所者は含まれていない。
　　　　※四捨五入で人数を出しているため、合計が一致しない場合がある。

【出典】
「身体障害者」
在宅者：厚生労働省「生活のしづらさなどに関する調査」（2016 年）
施設入所者：厚生労働省「社会福祉施設等調査」（2018 年）等より厚生労働省社会・援護局障害保健福祉部で作成
「知的障害者」
在宅者：厚生労働省「生活のしづらさなどに関する調査」（2016 年）
施設入所者：厚生労働省「社会福祉施設等調査」（2018 年）等より厚生労働省社会・援護局障害保健福祉部で作成
「精神障害者」
外来患者：厚生労働省「患者調査」（2017 年）より厚生労働省社会・援護局障害保健福祉部で作成
入院患者：厚生労働省「患者調査」（2017 年）より厚生労働省社会・援護局障害保健福祉部で作成

　このような障害児を対象とした福祉サービスは、障害児入所支援と障害児通所支援があります。平成 24 年（2012）4 月から改正児童福祉法が施行され、第 4 条第 2 項に規定する障害児の定義規定の見直しを受けて従前の「身体に障害のある児童及び知的障害のある児童」に加え、「精神に障害のある児童（発達障害者支援法第 2 第 2 項に規定する発達障害児を含む。）」の追加により一本化され、体系も再編されました。

　障害児通所支援を利用したい保護者は、まずは市町村に障害支援区分の認定について申請を行います。その後、サービス等利用計画を経て、支給決定を受け、利用する施設と保

護者が契約を結びます。障害児入所支援を利用したい場合は、保護者等が児童相談所に利用の申請を行います。

　保育所でも障害のある子どもの保育を行っています。日本保育協会が行ったアンケート調査によると、障害児を受け入れている保育園は全体の60％であり、いわゆる「気になる子」は92.7％の保育所において実態が確認されています[2]。「気になる子」は、発達上の問題（「発達の遅れ」「言語」「理解力」など）、コミュニケーション（「やりとり」「視線」「集団参加」など）、落着き（「多動」「落着きのなさ」「集中力」など）、情緒面（「乱暴」「こだわり」「感情のコントロール」など）、運動面（「ぎこちなさ」「不器用」など）などがある子どもが実態として挙げられています。保育士は、障害のある子どもを養育している保護者やその家庭に対してどのような支援を行っていけばよいのでしょうか。

(2) 保育士が行う支援

　障害のある子どもを養育する家庭に対して保育士が行うことができる支援は、日常の保育以外に様々あります。「気になる子」に対しては、最初から特別な支援が行われているわけではなく、気にかけつつ子どもの様子を見て、必要であれば特別な支援を行うことができるようなシステムを保育所内で整えたり、マニュアルを作成するなどしています。障害児を受け入れている保育所では、多くが加配保育士等を活用しながら複数体制で保育を行っています。その他、直接的な支援としては保護者との個別面談等を行い、保護者の不安に対して相談支援を行ったり、地域の障害児に対する専門機関等と連携し、情報提供を実施したりしています。日々の送迎の際の保護者とのやりとりなどももちろん重要な支援ではありますが、個別に時間を取って対応していくことが求められます。

★2　社会福祉法人日本保育協会『保育所における障害児やいわゆる「気になる子」等の受入れ実態、障害児保育等のその支援の内容、居宅訪問型保育の利用実態に関する調査研究報告書　平成27年度』平成28年3月発行、p.12/p.13/p.37/p.111

第15章
子ども家庭支援に関する現状と課題

ねらい ・子ども家庭支援に関する現状と課題を知る。
・子ども家庭支援に関する現状と課題について自分なりの考えをもつ。

1 制度上における現状と課題

(1) 子ども・子育て支援新制度の課題

　子ども・子育て支援新制度（10章参照）は2015年（平成27）に施行となり、子ども・子育て支援法附則第2条第4項「政府は、前3項に定める事項のほか、この法律の施行後5年を目途として、この法律の施行の状況を勘案し、必要があると認めるときは、この法律の規定について検討を加え、その結果に基づいて所要の措置を講ずるものとする」に則り5年後の2019年度（令和元）に見直しをすることを踏まえて、制度がスタートしました。

　この間、施策としては、2015年の子ども・子育て支援新制度施行時には、「待機児童加速化プラン」が2017年度（平成29）まで実施されており、その後、「子育て安心プラン」が2017年6月に発表され、2018年度（平成30）から実施されました。制度施行の5年経過後に見直しをする項目としては、子ども・子育て支援新制度施行後、5年間で経過措置の期限が到来する項目（保育教諭の資格特例、保育教諭の幼稚園教諭免許状・保育士資格取得特例、みなし幼保連携型認定こども園等の職員配置の経過措置など）、地方からの提案等に関する対応方針に関する項目（幼保連携型認定こども園の設備の基準緩和、子ども子育て支援法の支給認定手続きの簡素化、保育標準時間と保育短時間の統合など）、新しい経済政策パッケージ等閣議決定されている主な事項（子ども・子育て支援の量の拡充・質の向上、保育士の処遇改善、幼児教育の無償化など）がありました。

　このように様々な取り組みがなされてきたなかで、これからの子ども・子育て支援新制度の課題としては、地域等での支援において安心して、妊娠、出産、子育てできる環境整備や保育所利用などの総合的な少子化対策を考えていく必要があります。そのためにたとえば、市町村は、子ども・子育て支援法に基づいて、5年を1期とする子ども・子育て支援事業計画を作成しています。そして、2020年度（令和2）から2024年度（令和6）の第2期市町村子ども・子育て支援事業計画における「量の見込み」の結果を踏まえて、保育所等の受け皿確保の検討を行っており、このような各地方自治体の特性を踏まえたきめ細かな支援が大切なのです。

　また、2020年現在においては、まだまだ待機児童の問題がすべての自治体で解消されている状況ではありません。待機児童対策が打ち出されるなかで、待機児童数は2017年の26,081人をピークに減少に転じ、2020年では、12,439人とおよそ半減しましたが、ま

だ少なからぬ待機児童があることが現状です（表①）。

【表①】待機児童数の推移

	待機児童数			
	4月1日時点	増減数	10月1日時点	増減数
2013（平成25）年	22,741人	▲2,084人	44,118人	▲2,009人
2014（平成26）年	21,371人	▲1,370人	43,184人	▲934人
2015（平成27）年	23,167人	1,796人	45,315人	2,131人
2016（平成28）年	23,553人	386人	47,738人	2,423人
2017（平成29）年	26,081人	2,528人	55,433人	7,695人
2018（平成30）年	19,895人	▲6,186人	47,198人	▲8,235人
2019（平成31）年（令和元年）	16,772人	▲3,123人	43,822人	▲3,376人
2020（令和2）年	12,439人	▲4,333人	―	―

【出典】厚生労働省『保育所等関連状況取りまとめ（令和2年4月1日）概要資料』2020年9月、p.1、https://www.mhlw.go.jp/content/11922000/000666988.pdf

　とくに、今後の課題としては、人口増加率が高い自治体と低い自治体において、待機児童対策の方針を変えていくことが重要です。待機児童の傾向として人口増加率が高い自治体ほど待機児童がいるという傾向があります。このような自治体は、2018年の子ども・子育て支援法の改正で都道府県に設置されるようになった待機児童対策協議会の活用を図りながら、女性の就業率の上昇を踏まえて、保育の受け皿の整備を促す方針を打ち出しています。また、人口が減少しているなかで待機児童数が増加している自治体もあるため、保育提供区域ごとの整備計画の再検討、保育コンシェルジュや巡回バスなどの活用によるマッチングを促すこと、小規模保育事業の活用、保育士確保対策の取り組みを促すことなどの取り組みが計画されている自治体もあります。とくに保育士確保対策においては、必要な保育人材の確保ができるように、❶処遇改善、❷新規の資格取得の促進、❸就業継続、❹離職者の再就職、❺保育の現場と職業の魅力向上の促進という観点から総合的に支援することとしています。これらの支援に合わせて、保育の質の向上・確保についても検討されましたが、合わせて政策としての立案を考えていくことも必要です。

　2020年度までの「子育て安心プラン」では、待機児童の解消を図り、女性の就業率8割に対応できるように約32万人分の保育の受け皿目標を目標としていました。そのなかで、市町村の第2期子ども・子育て支援事業計画の積み上げを踏まえ、さらに4年間で約14万人の保育の受け皿整備が必要とされました。今後の女性の就業率上昇に対応しながら、保育の受け皿数の精査をしつつ、地域の特性に応じた支援や保育士確保対策を進めていくことが課題となっています。

　また、現在の保育需要は増えていることから、保育供給量は増やしていかなければならないという現状があります。これから将来の人口推計において、今後10年間で出生数が約8万人以上減り、0～2歳児の3歳未満児が約24万人減るという試算があります[1]。人口減少が著しく進むことが予想されることから保育供給量を増やすという施策について

既存の保育施設の活用等の検討に入る必要が出てくることが考えられます。

　さらに、今後の課題としては、「新・放課後子ども総合プラン」に基づいて、放課後児童クラブ等の受け皿をさらに増やすことや、子育て家庭の様々なニーズに対応するために地域子育て支援拠点の多機能化と設置の促進も必要となります。

(2) 保育士資格制度の課題

　少子化が進むなかで、我が国における経済状況の変化に伴い、年々、女性の就業率が高くなっています。そのようななかで保育所入所の待機児童が引き続き見込まれていますが、対策のために必要な保育士が不足している状況にあります。近年、保育士資格取得者を増やす施策がとられており、2018年（平成30）10月1日現在、保育所等において、保育士として従事する人が総数で約57万人、常勤換算で48万人います[2]。しかし、保育士登録者数は2019年（平成31）4月現在で約160万人おり[3]、いわゆる潜在保育士と呼ばれる保育士資格を保持していて保育士として働いていない人が多いことが現状として問題となっています。

　保育士資格取得者を増やすために、それまで保育士試験は年1回の実施だったものを2015年度（平成27）の保育士試験から、通常の保育士試験の他に、神奈川県、千葉県（成田市）、大阪府、沖縄県において、国家戦略特別区域法及び構造改革特別区域法の一部を改正する法律に基づいて、地域限定保育士試験が実施されました[4]。さらに、2016年度（平成28）の保育士試験では、通常の保育士試験の他に、大阪府と仙台市が地域限定保育士試験を実施し、その他の都道府県（宮城県を除く）においては2回目の通常の保育士試験が実施されました。このようにして、今日では年2回の保育士試験実施となり、保育士試験によって保育士資格を取得する者が増えることになりました。このような変化の背景には、保育士確保のための取り組みを進めていくなかで、保育士としての質も確保しながら、保育士を目指す方にいろいろな選択肢を提示することで、より保育士を目指しやすくするという意図がありました。

　一方で、指定保育士養成施設については、2018年度（平成30）の入学者数が46,512名であり、その内訳として大学が18,354名（定員充足率88.2%）、短期大学が21,567名（定員充足率76.8%）、専門学校が6,274名（定員充足率59.6%）、その他が183名（定員充足率46.3%）となっています。指定保育士養成施設のいずれの学校種においても、定員が充足されていない現状があり、18歳人口の減少のみならず、保育士の担い手の不足をどう克服するのかといった課題があります。

★1　内閣府『子ども・子育て会議（第53回）議事録』2020年10月、p.15
★2　厚生労働省 保育の現場・職業の魅力向上検討会『保育の現場・職業の魅力向上に関する報告書』2020年9月、p.1
★3　同上、p.2
★4　地域限定保育士とは、通常の保育士試験とは別に実施される国家戦略特別区域の自治体における保育士試験に合格すると取得できる資格です。資格取得後の3年間は限定的に対象の地域のみで保育士として働くことができます。以降は全国どの地域でも働くことができるようになります。なお、同試験は毎年実施する自治体が異なる場合があります。

【図①】保育士資格制度について

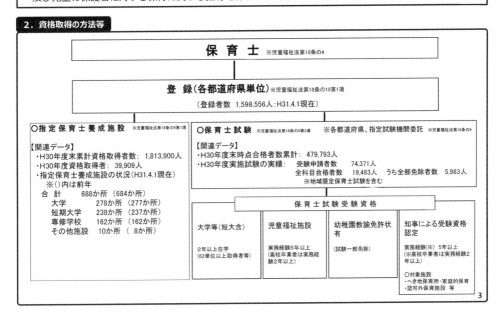

【出典】厚生労働省『保育の現場・職業の魅力向上検討会 参考資料1』2020年、p.3

　そもそも保育士資格は、児童福祉法第18条の4に定められているとおり「保育士の名称を用いて、専門的知識及び技術をもって、児童の保育及び児童の保護者に対する保育に関する指導を行うことを業とする者」のことをいいます。また、保育士資格を取得できる者は、「厚生労働大臣の指定する保育士を養成する学校その他施設（以下「指定保育士養成施設」という）を卒業した者」か「保育士試験に合格した者」とされています。つまり、保育士資格を取得するための制度が、指定保育士養成施設を卒業するルートと保育士試験にパスするルートの2制度の併用となっています。

　この2制度の併用について、そもそも保育士資格という同資格を取得することから、指定保育士養成施設を卒業した者と、保育士試験に合格した者について、保育士として同程度の質の水準を確保するという観点から、指定保育士養成課程における保育士養成課程の内容と保育士試験の問題の内容との整合性が必要であるという議論は以前から課題とされてきました。とくに、厚生労働省の保育士養成課程等検討会のなかで2015年に検討がされています。

　保育士試験においての資格取得者は、試験合格後にすぐ保育所などに勤務することから、実技試験の在り方が現行制度のように保育実習実技という試験で「音楽表現に関する技術」「造形表現に関する技術」「言語表現に関する技術」という分野で実技試験が実施されています。しかし、指定保育士養成施設においては身体表現に関する知識や技術、さら

には教材等の活用及び作成と保育の展開も教授しており、保育士資格という同じ資格を取得するのに、実技試験の3科目では足りないのではないかという問題意識から、一時期、当時始まった地域限定保育士試験において保育実習実技という実技試験を講習や実習に代えて実施しようというような議論がありました。

　さらに、保育士試験を合格したことで保育士資格を取得した者は、実習を経験せずに保育所等で働くことができますが、指定保育士養成施設では実習を通して理論と実践の往還によって学びを深めていることから、保育士試験についてさらなる検討が課題になっています。

　また保育士資格において、他の福祉関係の資格、たとえば、社会福祉士や介護福祉士は、「社会福祉士及び介護福祉士法」という資格についての法律がありますが、それらと異なり、独自の資格についての法律をもっていないため、保育士資格のための法律の整備が望まれます。その際に、現在の保育士資格は、幅広い範囲の児童福祉施設での勤務を可能としていますが、保育士資格をたとえば、幼稚園教諭普通免許状と統合を行い、教育職としての資格と施設に勤務するための福祉職としての保育士資格に整理を行うなどの検討が必要になってくるものと考えられます。

　さらに課題となっているのは、保育士資格における保育指導（保育士の専門性を生かした支援や保育相談支援）の役割が求められていながら、2018年（平成30）における保育所保育指針改定とその後の保育士養成課程等検討会の議論等において、その専門性の位置づけが曖昧になってしまい、指定保育士養成施設における相談関係科目の削減につながっており、曖昧のまま明確になっていないところが今後の課題といえるでしょう。本来、保育士の業務は、保育と保育指導が車の両輪のような役割を果たして、職務を遂行したことになりますが、保育に力点が置かれがちな状況のなかで、保育指導の必要性は、待ったなしの状況です。

2　子育て家庭への支援における現状と課題

(1) 障害児支援への課題

　障害児とは、どのような子ども達を指すのでしょうか。児童福祉法第4条第2項では、障害児とは、身体に障害のある児童、知的障害のある児童、精神に障害のある児童、治療方法が確立していない疾病その他の特殊の疾病で障害児童であることとされています。このなかには、18歳未満の発達障害（自閉症、アスペルガー症候群その他の広汎性発達障害、学習障害、注意欠陥多動性障害その他これに類する脳機能の障害、『発達障害者支援法第2条』より）の児童も含まれます。

　2014年（平成26）に厚生労働省の検討会において、『今後の障害児支援の在り方について（報告書）～「発達支援」が必要な子どもの支援はどうあるべきか～』のなかに、基本理念として、以下の内容が挙げられました。

【基本理念】
　①地域社会への参加・包容（インクルージョン）の推進と合理的配慮
　②障害児の地域社会への参加・包容を子育て支援において推進するための後方支援とし
　　ての専門的役割の発揮
　③障害児本人の最善の利益の保障
　④家族支援の重視

　このために、保育所などの子育て支援施策において障害児を受け入れることをさらに進
めていき、報告書では、地域における「縦横連携」の推進を挙げており、ライフステージ
に応じた切れ目の無い支援（縦の連携）と保健、医療、福祉、保育、教育、就労支援等と
も連携した地域支援体制の確立（横の連携）、さらには、相談支援の推進、支援に関する
情報の共有化、児童相談所等との連携、支援者の専門性の向上等が課題とされています。

【表②】今後の障害児支援が進むべき方向

①地域における「縦横連携」を進めるための体制づくり ▶児童発達支援センターを中心とした重層的な支援体制 ▶保育所等訪問支援等の充実、入所施設への入所の検討 ▶障害児相談支援の役割の拡充、子ども・子育て支援新制度との連携 ▶自立支援に関する情報の共有化を目的とした「サポートファイル」の活用 ▶障害福祉計画の障害児支援の記載義務の法定化 **②「縦横連携」によるライフステージごとの個別の支援の充実** ▶ライフステージごと（乳幼児期、小学校入学前、学齢期、卒業後）の支援 ▶保護者の「気づき」の段階からの支援、保育所等での専門的な支援へのつなぎ ▶障害児等療育支援事業等の活用 ▶学校等との連携、卒業後を見据えた就労移行支援事業所等との連携 **③特別に配慮された支援が必要な障害児のための医療・福祉の連携** ▶医療・福祉の連携、医療機関や入所施設の専門性を活用した研修の実施 ▶強度行動障害支援者養成研修の推進 ▶重症心身障害児者の地域支援のコーディネート機能の中核機関の整備検討 **④家族支援の充実** ▶ペアレント・トレーニングの推進 ▶精神面のケア、ケアを一時的に代行する支援 ▶保護者の就労のための支援 ▶家族の活動、障害児のきょうだい支援 **⑤個々のサービスの質のさらなる確保** ▶一元化を踏まえた職員配置等の検討 ▶放課後等デイサービス等の障害児支援のガイドラインの策定 ▶障害児入所施設の環境改善及び措置入所を含めた障害児入所支援の在り方の検討

【出典】厚生労働省『今後の障害児支援の在り方について（報告書）』2014年、（提言より筆者まとめ）

【図②】地域における顔の見える「縦横連携」の図

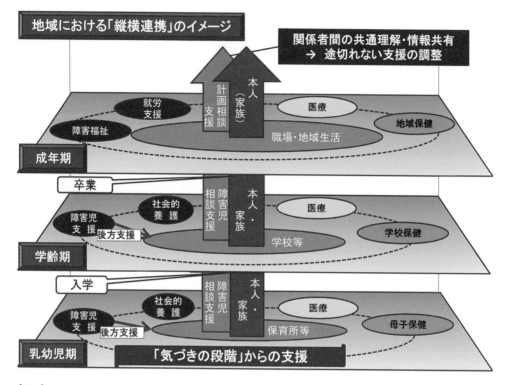

【出典】厚生労働省「参考資料2」『今後の障害児支援の在り方について（報告書）報告書案参考資料2』2014年

　今後の大きな課題としては、①子ども・子育て支援新制度における障害児支援の充実、②子ども・子育て支援新制度から障害児支援制度へのつなぎの充実、③子ども・子育て支援新制度の各施策に対する障害児支援における固有のサービスの後方支援の充実、④障害児支援における固有のサービスの充実を挙げられています[5]。

(2) 社会的養護の課題

　社会的養護とは、何らかの理由により保護者がいない児童や、保護者に監護させることが適当でない児童を、公的な責任の下で社会的に養育し、保護するとともに、養育に大きな困難を抱える家庭への支援を行うことを指します。保護者がいない児童や児童虐待にあった児童などの家庭環境上で養護を必要とする児童に対しては、里親制度や児童福祉施設に入所する措置制度を活用し、社会的に養護を行っています。里親制度は、家庭における養育を委託され、児童を養護する制度で、里親の区分として養育里親、専門里親、養子縁組里親、親族里親があります。里親の登録者数は2019年（平成31）3月末現在で、

★5　柏女霊峰『これからの子ども・子育て支援を考える－共生社会の創出をめざして－』ミネルヴァ書房、2017年、p.173

12,315 世帯で、委託里親数が 4,379 世帯、委託児童数が 5,556 人という状況です。また、養育者の住居において家庭的養護を行うファミリーホームは、1 か所につき定員 5 ～ 6 人ですが、ホーム数が 372 か所あり、委託児童数が 1,548 人という状況です[★6]。

社会的養護を担う児童福祉施設等としては、乳児院、児童養護施設、児童心理治療施設、児童自立支援施設、母子生活支援施設、自立援助ホームがあり、対象児童や、近年における施設数、定員、現員、職員総数は、表③のとおりです。児童福祉施設の法的根拠と目的は 9 章で述べていますので参照してください。なお、その他に小規模グループケアが 1,790 か所、地域小規模児童養護施設が 423 か所あります（平成 30 年 10 月 1 日現在）。

【表③】社会的養護に関わる施設の数

施設	乳児院	児童養護施設	児童心理治療施設	児童自立支援施設	母子生活支援施設	自立援助ホーム
対象児童	乳児（特に必要な場合は、幼児を含む）	保護者のない児童、虐待されているその他環境上養護を要する児童（特に必要な場合は、乳児を含む）	家庭環境、学校における交友関係その他の環境上の理由により社会生活への適応が困難となった児童	不良行為をなし、又はなすおそれのある児童及び家庭環境その他の環境上の理由により生活指導等を要する児童	配偶者のない女子又はこれに準ずる事情にある女子及びその者の監護すべき児童	義務教育を終了した児童であって、児童養護施設等を退所した児童等
施設数	140か所	605か所	50か所	58か所	226か所	176か所
定員	3,857人	31,826人	1,985人	3,609人	4,672世帯	1,148人
現員	2,678人	24,908人	1,366人	1,226人	3,735世帯児童6,333人	643人
職員総数	5,048人	18,869人	1,384人	1,815人	2,084人	858人

［備考］※里親数、FH ホーム数、委託児童数、乳児院・児童養護施設・児童心理治療施設・母子生活支援施設の施設数・定員・現員は福祉行政報告例（平成31年3月末現在）
　　　　※児童自立支援施設・自立援助ホームの施設数・定員・現員、小規模グループケア、地域小規模児童養護施設のか所数は家庭福祉課調べ（平成30年10月1日現在）
　　　　※職員数（自立援助ホームを除く）は、社会福祉施設等調査報告（平成30年10月1日現在）
　　　　※自立援助ホームの職員数は家庭福祉課調べ（平成31年3月1日現在）
　　　　※児童自立支援施設は、国立2施設を含む
【出典】厚生労働省子ども家庭局家庭福祉課『社会的養育の推進に向けて』令和2年10月、p.2、
　　　　https://www.mhlw.go.jp/content/000698192.pdf

要保護児童の推移としては、過去 10 年間において、里親やファミリーホームなどへの委託児童数は約 2 倍の増加、児童養護施設は 2 割減少、乳児院は 1 割減少となっています。

このような状況のなかで、社会的養護は 2016 年（平成 28）の児童福祉法改正によって、①市区町村を中心とした支援体制の構築、②児童相談所の機能強化と一時保護改革、③代替養育における「家庭と同様の養育環境」原則に関して乳幼児から段階を追っての徹底、家庭養育が困難な子どもへの施設養育の小規模化・地域分散化・高機能化、④永続的解決（パーマネンシー保障）の徹底、⑤代替養育や集中的在宅ケアを受けた子どもの自立支援の徹底などの大きな改革が始まっています。とくに、里親への包括的支援体制（フォスタ

★6　厚生労働省『里親制度等について』
　　https://www.mhlw.go.jp/stf/seisakunitsuite/bunya/kodomo/kodomo_kosodate/syakaiteki_yougo/02.html

リング機関）において、里親とチームになり、リクルート、研修、支援などを一貫して担い、質の高い里親養育体制の確立を図ることが課題となっており、さらに一時保護里親、専従里親などの新しい里親の区分を設ける予定です。また、障害のある子どもなどのケアのニーズが高い子どもにも家庭養育ができるような制度にしていくことも直近の課題となっています。

さらに、永年的解決（パーマネンシー保障）が徹底されることによる特別養子縁組[★7]の推進がうまく機能するような法的整備が早急の課題となっています。そして、就学前の子どもは、家庭養育を原則とすることを実現させるために、原則として、児童福祉施設への新規措置入所を停止することを決めていることから、先に述べたフォスタリング機関を全国に整備することが課題となっています。その結果として里親委託率を向上させること、そのことと合わせて、施設における養育も乳児院をはじめ、児童養護施設や、児童心理治療施設、児童自立支援施設においても、地域生活支援事業やフォスタリング機関事業等を行うことが想定されているため、施設養育も変化していくことが課題となっています。

3　保育士による支援における現状と課題

（1）保育ソーシャルワークへの課題

ソーシャルワークとは、福祉六法[★8]を中心とした法令に基づいた体系的に整備された福祉制度のうち、相談者にとってどの制度を活用できるのか、どんな福祉サービスを活用できるのかを考え、個のみならず社会全体を見渡し、困りごとの方法を考え支援することをいいます。ソーシャルワークは、社会福祉士がソーシャルワーカーとして実践していますが、相当の福祉の知識や社会福祉援助技術などの社会福祉相談援助の技能が必要となります。

保育士資格は児童福祉分野の国家資格であることから、資格における学びのなかで、社会福祉や社会福祉援助技術などの基本的な科目に触れる養成カリキュラムになっていました。

保育士は、児童福祉法に「児童の保育及び児童の保護者に対する保育に関する指導を行うことを業とする者」と規定されています。保護者に対する保育に関する指導について、ソーシャルワークの考え方を用いて指導に臨むことも考えられます。

★7　「特別養子縁組」とは、子どもの福祉の増進を図るために、養子となるお子さんの実親（生みの親）との法的な親子関係を解消し、実の子と同じ親子関係を結ぶ制度です。「特別養子縁組」は、養親になることを望むご夫婦の請求に対し、下記の要件を満たす場合に、家庭裁判所の決定を受けることで成立します。
　　【出典】厚生労働省『特別養子縁組制度について』https://www.mhlw.go.jp/stf/seisakunitsuite/bunya/0000169158.html

★8　福祉六法とは1946年（昭和21）制定の生活保護法、1947年（昭和22）制定の児童福祉法、1949年（昭和24）制定の身体障害者福祉法、1960年（昭和35）制定の知的障害者福祉法、1963年（昭和38）制定の老人福祉法、1964年（昭和39）制定の母子福祉法（現在は母子及び父子並びに寡婦福祉法）のことを指します。

その背景としては、保育士の養成カリキュラムでソーシャルワークについて学ぶことや保育士が児童福祉の資格であること挙げられます。しかし、ソーシャルワークは、専門的技能であることから、保育士が簡単に実践できるという技能ではありません。

そのようななかで、2013年（平成25）には、日本保育ソーシャルワーク学会が設立されました[9]。そして、学会が保育ソーシャルワーカーの資格を認定しています。このように、保育ソーシャルワークについては、まだ議論の途上であり、これからの学会の発展や理論の積み上げに期待したいところです。いずれにしても、保育ソーシャルワークは実践者である保育士を中心として、定義から具体的な技術まで検討していく必要があります。

(2)　保育カウンセリングへの課題

カウンセリングには、本来、治療的カウンセリング、予防的カウンセリング、開発的カウンセリングという分類があり、すべての領域において、公認心理師が対応できますが、予防的カウンセリングや開発的カウンセリングのようないわゆるカウンセリングマインドに基づいた関わりというのは、保育士ならずとも多くの専門職で求められていることです。

そのようななかで、保育カウンセリングという言葉の定義が様々に存在しています。保育士が保育カウンセリングを学ぶ目的で、公益社団法人全国私立保育園連盟が保育カウンセラー養成講座を開催しています。この講座は1993年（平成5）に育児カウンセラー養成講座としてスタートし、2000年（平成12）に保育カウンセラー養成講座に名称を変更しました。そして、2010年（平成22）に保育カウンセラー資格認定制度をスタートさせました。

保育士が日常的に継続的に、保育や保護者の援助活動をする上で、カウンセリングの理論や技法を生かすことによって、子どもと保護者、保育士自身、保育士同士の自己成長を援助することを目的としています。ここでいう保育カウンセラーとは保育や保護者への援助に活用できるカウンセリングの理論や技法を習得し、カウンセリングマインドを有したパラカウンセラー（準カウンセラー）、ピアカウンセラー[10]のことを指します。つまり、カウンセリングマインドを身につけた保育士を養成することを目指しているといえるでしょう。カウンセリングマインドについては対人援助職である職種にとっては、どの職種にも必要なことであることから、保育士として必要な学びといえるでしょう。

一方で、2004年（平成16）に中央教育審議会初等中等教育分科会幼児教育部会において、幼稚園職員の資質及び専門性の向上に関する参考資料に保育カウンセラーをスクールカウ

---

[9]　日本保育ソーシャルワーク学会は、保育ソーシャルワークのさらなる発展を期して、保育ソーシャルワークに関する研究及び交流を積極的に図り、もって、子どもと家庭の幸福の実現に貢献することをめざす活動を行っています。（学会HPより）

[10]　カウンセラーの種類として、公認心理師のようなプロカウンセラー、看護師、教師、保育士のように専門職が相談にのるパラカウンセラー、仲間同士で聞き合うピアカウンセラーがある。

ンセラーの資格要件に準じた者（臨床心理士〈現在は公認心理師も含む〉、精神科医、心理系の大学教授、准教授、講師、スクールカウンセラーに準ずる者）にすることが望ましいとしたことを始まりとし、一部の地方自治体や地域における幼稚園や保育所において、心理職を保育カウンセラー（キンダーカウンセラー）とする試みが始まっています。この場合、留意しなければならないのは、学校における議論ということで、この議論は、幼稚園が当時の対象であったということです。また、保育士は保育や保護者に対する保育指導の専門家であることから自らの専門的視点から公認心理師などの心理職とともに専門家同士で支援について対等に話し合い（コンサルテーション）、その意識を双方でもつ必要があります。

　以上のような保育カウンセリングという言葉を通じて、立場によって定義が異なることから、今後、保育士の専門性を高めるためにも、丁寧で慎重な議論が今後の課題となります。

(3) 保育相談支援をめぐって

　2008年（平成20）の保育所保育指針の改定にともない、保育指導の意味についてはっきりと定義されました。保育所保育指針解説書（2008年）において、「子どもの保育の専門性を有する保育士が、保育に関する専門的知識・技術を背景としながら、保護者が支援を求めている子育ての問題や課題に対して、保護者の気持ちを受け止めつつ、安定した親子関係や養育力の向上を目指して行う養育（保育）に関する相談、助言、行動見本の提示その他の援助業務の総体」としましたが、このことを学ぶのが、2008年から指定保育士養成施設の科目に新設された「保育相談支援」でした。この保育指導は、保育士の専門的知識・技術を用いて、受容や共感などのカウンセリングの機能や助言などのソーシャルワークの機能を援用しながら、保育士独自の援助方法である行動見本などを交えながら保護者を援助するという保育士独自の相談支援技能になります。

　本来であれば、このような保育士独自の相談支援技能を学ぶ科目の保育相談支援が2017年（平成29）の保育所保育指針の改定、その後の指定保育士養成施設においての教授内容の見直しのなかで、充実しなければならなかったのですが、結果的に相談を学ぶ科目は再編され、改定により、さらに課題が大きくなってしまったという状況になっています。前述の保育ソーシャルワークや保育カウンセリングの課題と保育相談支援の科目復活の課題はリンクしており、保育士の質の向上という観点で捉えると、子育て支援においては、保護者相談支援の科目体系の充実は欠かせないこととなるでしょう。同時に、保育士、保育学生は子育て支援の学びを自己研鑽しながら深めていく努力が必要となります。

【参考文献】

☆**全章共通**

- 厚生労働省『保育所保育指針解説』フレーベル館、2018 年
- 内閣府・文部科学省・厚生労働省『幼保連携型認定こども園教育・保育要領解説』フレーベル館、2018 年
- 文部科学省『幼稚園教育要領解説』フレーベル館、2018 年

★**第 1 章**

- 厚生労働省『平成 28 年度全国ひとり親世帯等調査結果報告 17 養育費の状況』平成 29 年、https://www.mhlw.go.jp/stf/seisakunitsuite/bunya/0000188147.html
- セーブ・ザ・チルドレンジャパン「子どもの体やこころを傷つける罰のない社会を目指して」『子どもに対するしつけのための体罰等の意識・実態調査結果報告書』2018 年、https://www.savechildren.or.jp/jpnem/jpn/pdf/php_report201802.pdf
- 東京大学大学院教育学研究科附属発達保育実践政策学センター（Cedep）・ベネッセ教育総合研究所、共同研究「乳幼児の生活と育ち」研究プロジェクト『乳幼児の生活と育ちに関する調査 017-2018（0－2 歳児期）ダイジェスト版』ベネッセ教育総合研究所、2019 年
- 日本ユニセフ協会『子ども先生の広場』https://www.unicef.or.jp/kodomo/kenri/
- 三菱 UFJ リサーチ&コンサルティング『医療的ケア児者とその家族の生活実態調査報告書 2020』2020 年、https://www.murc.jp/wp-content/uploads/2020/05/koukai_200520_1_1.pdf
- ユニセフ イノチェンティ研究所・阿部 彩・竹沢純子『イノチェンティ レポートカード 11 先進国における子どもの幸福度─日本との比較 特別編集版』公益財団法人 日本ユニセフ協会、2013 年、p.10、https://www.unicef.or.jp/library/pdf/labo_rc11ja.pdf
- 吉田眞理『児童の福祉を支える子ども家庭支援論』萌文書林、2019 年

★**第 2 章**

- 柏女霊峰・橋本真紀 編著『保育相談支援』ミネルヴァ書房、2016 年
- 永野典詞・岸本元気『保育士・幼稚園教諭のための保護者支援』風鳴舎、2016 年
- 橋本真紀・山縣文治 編著『よくわかる家庭支援論』ミネルヴァ書房、2015 年
- 吉田眞理『児童の福祉を支える子ども家庭支援論』萌文書林、2019 年

★**第 3 章**

- 石動瑞代・中西遍彦・隣谷正範 編集『保育と子ども家庭支援論』みらい、2020 年
- 倉石哲也・伊藤嘉余子 監修『家庭支援論』ミネルヴァ書房、2017 年
- 『最新 保育士養成講座』総括編纂委員会 編『子ども家庭支援─家庭支援と子育て支援』全国社会福祉協議会、2019 年

★**第 4 章**

- 大場幸雄『保育者論』萌文書林、2012 年
- 齊藤勇紀・守 巧『保育者が捉える保育の専門性に関する研究─フォーカス・グループ・インタビューからの検討─』新潟青陵学会誌、2020 年
- 那須信樹「幼稚園における日常的な保育実践化による『子育て支援』の実際─在園保護者との日常的な連携を中心に」『保育の実践と研究 18（4）』2014 年
- 長島和代・石丸るみ・前原 寛・鈴木彬子・山内陽子『日常の保育を基盤とした子育て支援─子どもの最善の利益を護るために』萌文書林、2018 年

★**第 5 章**

- 厚生労働省「行動計画策定指針」『今般の次世代育成支援の展開』2019 年、https://www.mhlw.go.jp/stf/seisakunitsuite/bunya/kodomo/kodomo_kosodate/jisedai/index.html
- 厚生労働省『社会保障審議会児童部会保育専門委員会（第 4 回）議事録』2016 年、https://www.mhlw.go.jp/stf/shingi2/0000125964.html
- 厚生労働省『令和 2 年度厚生労働白書』2020 年、https://www.mhlw.go.jp/content/000684406.pdf

- 西田みゆき「養育上の困難を抱える母親の empowerment の概念分析」『日本看護科学会誌 30 巻 2 号』2010 年

★第 6 章
- 小原敏郎・橋本好市・三浦主博 編集『演習・保育と子育て支援』みらい、2019 年
- 柏女霊峰・橋本真紀 編著『保育相談支援 第 2 版』ミネルヴァ書房、2016 年
- 長島和代・石丸るみ・前原 寛・鈴木彬子・山内陽子『日常の保育を基盤とした子育て支援―子どもの最善の利益を護るために』萌文書林、2018 年

★第 7 章
- 秋田喜代美・馬場耕一郎 監修、矢萩恭子 編集『保育士等キャリアアップ研修テキスト 6　保護者支援・子育て支援 第 2 版』中央法規出版、2020 年
- 柏女霊峰・橋本真紀 編著『保育相談支援 第 2 版』ミネルヴァ書房、2016 年
- 公益財団法人児童育成協会 監修、新保幸男・小林理 編集『基本保育シリーズ 13　家庭支援論 第 2 版』中央法規出版、2017 年
- 古川繁子 編著、田村光子・根本曜子・栗原ひとみ・植草一世 著『保育相談支援ワークブック』学文社、2016 年
- 松村和子 編著『子ども家庭支援論』建帛社、2019 年

★第 8 章
- 秋田喜代美・馬場耕一郎 監修、矢萩恭子 編集『保育士等キャリアアップ研修テキスト 6　保護者支援・子育て支援 第 2 版』中央法規出版、2020 年
- 齊藤勇紀・有川宏幸・土居正城「児童発達支援事業における保育者の力量を高めるための研修会のあり方――「循環型」研修会における参加者の療育に対する関心の変化の検討を通して――」『学校メンタルヘルス、21（1）』日本学校メンタルヘルス学会、2018 年
- 齊藤勇紀・中野啓明『保育を支えるカリキュラムマネジメントの理論と実践』ウエストン、2020 年
- 櫻井奈津子 編集『保育と子ども家庭福祉』みらい、2019 年
- 澁野順子「保育ソーシャルワークにおける『繋ぐ』機能の担い手の現状と可能性 ―TEA（複線径路・等至性アプローチ）による困難事例支援過程の分析―」『大阪総合保育大学紀要 第 13 号』2019 年
- 社団法人日本精神保健福祉士協会・日本精神保健福祉学会 監修『精神保健福祉用語辞典』中央法規出版、2004 年
- 鶴 宏史、中谷奈津子、関川芳孝「保育所における生活課題を抱える保護者への支援の課題―保育ソーシャルワーク研究の文献レビューを通して―」『教育学研究論集第 11 号』武庫川女子大学大学院、2016 年
- 鶴 光代・津川律子 編『心理専門職の連携・協働』誠信書房、2018 年
- 東京都中央区立有馬幼稚園・小学校、秋田喜代美『幼小連携のカリキュラムづくりと実践事例』小学館、2002 年
- 中坪史典『保育を語り合う協働型園内研修のすすめ―組織の活性化と専門性の向上に向けて―』中央法規出版、2018 年

★第 9 章
- 喜多一憲 監修、堀場純矢 編集『みらい×子どもの福祉ブックス　子ども家庭福祉』みらい、2020 年
- 公益財団法人児童育成協会 監修、松原康雄・村田典子・南野奈津子 編集『新・基本保育シリーズ5　子ども家庭支援論』中央法規出版、2019 年
- 厚生労働省『子育て世代包括支援センター業務ガイドライン』平成 29 年 8 月（2017 年）
- 厚生労働省『子育て世代包括支援センターの実施状況（2020.4.1 時点：母子保健課調べ）』https://www.mhlw.go.jp/content/11900000/000662087.pdf
- 厚生労働省「児童家庭支援センターに関する資料」『第9回　新たな社会的養育の在り方に関する検討会 参考資料 1』2017 年、https://www.mhlw.go.jp/stf/shingi2/0000150265.html
- 厚生労働省「児童相談所運営指針」https://www.mhlw.go.jp/bunya/kodomo/dv11/01.html
- 厚生労働省 HP『障害児福祉手当について』https://www.mhlw.go.jp/bunya/shougaihoken/jidou/hukushi.html

- 厚生労働省 HP『特別児童扶養手当について』https://www.mhlw.go.jp/bunya/shougaihoken/jidou/huyou.html
- 厚生労働省 HP「ひとり親のご家庭の方へ、大切なお知らせ」『児童扶養手当について』https://www.mhlw.go.jp/content/000690051.pdf
- 内閣府『子ども・子育て支援新制度なるほど BOOK（平成 28 年 4 月改訂版）』2016 年
- 内閣府 HP『児童手当制度のご案内』https://www8.cao.go.jp/shoushi/jidouteate/annai.html
- 原 信夫・松倉佳子・佐藤ちひろ 編著『子育て支援 「子どもが育つ」をともに支える』北樹出版、2020 年

★第10章
- 厚生労働省 HP『子ども・子育て支援』https://www.mhlw.go.jp/stf/seisakunitsuite/bunya/kodomo_kosodate/kosodate/index.html
- 厚生労働省『令和2年版 少子化対策白書』https://www8.cao.go.jp/shoushi/shoushika/whitepaper/measures/w-2020/r02pdfhonpen/r02honpen.html
- UN Women 日本事務所 HP、https://japan.unwomen.org/ja

★第11章
- 大方美香・齊藤 崇 編著『子育て支援　より豊かに育つ支援をめざして』光生館、2019 年
- 『最新 保育士養成講座』総括編纂委員会 編『子ども家庭支援─家庭支援と子育て支援』全国社会福祉協議会、2019 年
- 原 信夫・松倉佳子・佐藤ちひろ 編著『子育て支援 「子どもが育つ」をともに支える』北樹出版、2020 年
- 守 巧 編著『気になる子とともに育つクラス運営・保育のポイント』中央法規出版、2015 年
- 守 巧『“気になる子” の気になる保護者』チャイルド本社、2020 年

★第12章
- 大方美香・齊藤 崇 編著『子育て支援　より豊かに育つ支援をめざして』光生館、2019 年
- 大豆生田啓友『支え合い、育ち合いの子育て支援─保育所・幼稚園・ひろば型支援施設における子育て支援実践論』関東学院大学出版会、2006 年
- 橋本祐子 編著『家庭支援論』光生館、2016 年
- 松村和子 編著『子ども家庭支援論』建帛社、2019 年
- 守 巧 編著『“気になる子” の気になる保護者』チャイルド本社、2020 年

★第13章
- 公益財団法人児童育成協会 監修、松原康雄・村田典子・南野奈津子 編集『新・基本保育シリーズ5　子ども家庭支援論』中央法規出版、2019 年
- 厚生労働省 HP『〜すこやかな妊娠と出産のために〜 “妊婦健診” を受けましょう（リーフレット）』https://www.mhlw.go.jp/bunya/kodomo/boshi-hoken13/
- 厚生労働省 HP「地域子育て支援拠点事業とは」『子ども・子育て支援─地域子育て支援拠点事業について』https://www.mhlw.go.jp/content/000666540.pdf
- 厚生労働省 HP「乳児家庭全戸訪問事業ガイドライン」『子ども・子育て支援─乳児家庭全戸訪問事業（こんにちは赤ちゃん事業）』https://www.mhlw.go.jp/bunya/kodomo/kosodate12/03.html
- 厚生労働省 HP「養育支援訪問事業ガイドライン」『子ども・子育て支援─養育支援訪問事業』https://www.mhlw.go.jp/bunya/kodomo/kosodate08/03.html
- 厚生労働省 HP「利用者支援事業ガイドライン（平成 27 年 5 月 1 日）」『子ども・子育て支援─利用者支援事業について』https://www.mhlw.go.jp/file/06-Seisakujouhou-11900000-Koyoukintoujidoukateikyoku/0000103066.pdf
- 厚生労働省 HP「利用者支援事業とは」『子ども・子育て支援─利用者支援事業について』https://www.mhlw.go.jp/file/06-Seisakujouhou-11900000-Koyoukintoujidoukateikyoku/riyoshasien.pdf
- 原 信夫・松倉佳子・佐藤ちひろ 編著『子育て支援 「子どもが育つ」をともに支える』北樹出版、2020 年
- ホームスタートジャパン HP、https://www.homestartjapan.org/

★第14章

• 喜多一憲 監修、堀場純矢 編集『みらい×子どもの福祉ブックス　子ども家庭福祉』みらい、2020年
• 公益財団法人児童育成協会 監修、松原康雄・村田典子・南野奈津子 編集『新・基本保育シリーズ5　子ども家庭支援論』中央法規出版、2019年
• 厚生労働省「精神疾患による患者数」『知ることからはじめよう　みんなのメンタルヘルス』https://www.mhlw.go.jp/kokoro/speciality/data.html
• 厚生労働省 HP「平成30年度の児童相談所での児童虐待相談対応件数（速報値）」『子ども虐待による死亡事例等の検証結果等について（第15次報告）、平成30年度の児童相談所での児童虐待相談対応件数及び「通告受理後48時間以内の安全確認ルール」の実施状況の緊急点検の結果』https://www.mhlw.go.jp/content/11901000/000533886.pdf
• 原 信夫・松倉佳子・佐藤ちひろ 編著『子育て支援　「子どもが育つ」をともに支える』北樹出版、2020年
• 保育者向け児童虐待に関する研修用ツール作業委員会『これって虐待? 子どもの笑顔を守るために 保育者向け児童虐待防止のための研修用ワークブック』社会福祉法人全国社会福祉協議会 全国保育士会、令和2年3月作成、https://www.z-hoikushikai.com/about/siryobox/book/gyakutai.pdf

★第15章

• 柏女霊峰『これからの子ども・子育て支援を考える〜共生社会の創出をめざして〜』ミネルヴァ書房、2017年
• 公益社団法人全国私立保育園連盟 HP『保育カウンセラー養成講座』、http://www.zenshihoren.or.jp/kensyu/counselor.html
• 厚生労働省『「子育て安心プラン」について』2017年、https://www.kantei.go.jp/jp/singi/syakaihosyou_kaikaku/dai7/shiryou7.pdf
• 厚生労働省 子ども家庭局家庭福祉課『社会的養育の推進に向けて』2020年、https://www.mhlw.go.jp/content/000711002.pdf
• 厚生労働省 子ども家庭局保育課『新子育て安心プラン』2020年、https://www.mhlw.go.jp/content/11922000/000707805.pdf
• 厚生労働省 HP『里親制度等について』https://www.mhlw.go.jp/stf/seisakunitsuite/bunya/kodomo/kodomo_kosodate/syakaiteki_yougo/02.html
• 厚生労働省 HP『社会的養護』https://www.mhlw.go.jp/stf/seisakunitsuite/bunya/kodomo/kodomo_kosodate/syakaiteki_yougo/index.html
• 厚生労働省 障害児支援の在り方に関する検討会『今後の障害児支援の在り方について（報告書）〜「発達支援」が必要な子どもの支援はどうあるべきか〜』2014年、https://www.mhlw.go.jp/file/05-Shingikai-12201000-Shakaiengokyokushougaihokenfukushibu-Kikakuka/0000051490.pdf
• 厚生労働省『待機児童解消加速化プラン』2013年、https://www.mhlw.go.jp/bunya/kodomo/pdf/taikijidokaisho_01.pdf
• 厚生労働省 HP『特別養子縁組制度について』https://www.mhlw.go.jp/stf/seisakunitsuite/bunya/0000169158.html
• 厚生労働省『保育士の現状と主な取組（保育の現場・職業の魅力向上検討会（第5回）参考資料1）』2020年、https://www.mhlw.go.jp/content/11907000/000661531.pdf
• 厚生労働省『保育所等関連状況取りまとめ（令和2年4月1日）概要資料』2021年、https://www.mhlw.go.jp/stf/newpage_13237.html
• 厚生労働省 保育の現場・職業の魅力向上検討会『保育の現場・職業の魅力向上に関する報告書』2020年、https://www.mhlw.go.jp/content/000701216.pdf
• 内閣府『子ども・子育て会議（第53回）議事録』2020年、https://www8.cao.go.jp/shoushi/shinseido/meeting/kodomo_kosodate/k_53/index.html
• 日本保育ソーシャルワーク学会 HP、https://jarccre.jimdo.com/
• 文部科学省「幼児教育に携わる者に求められる専門性　幼稚園教員の資質及び専門性の向上に関する調査研究協力者会議報告書から」『中央教育審議会初等中等教育分科会幼児教育部会（第9回）資料2別紙3』2002年 https://www.mext.go.jp/b_menu/shingi/chukyo/chukyo3/008/siryo/04030501/003/003.htm

イラスト　西田ヒロコ
装丁・DTP 制作　㈱CTE

子ども家庭支援論

保育の専門性を子育て家庭の支援に生かす

2021 年 4 月 14 日初版第一刷発行

編 著 者　守 巧
発 行 者　服部直人
発 行 所　㈱萌文書林
〒 113-0021　東京都文京区本駒込 6-25-6
Tel：03-3943-0576　Fax：03-3943-0567
E-mail：info@houbun.com
ホームページ：https://www.houbun.com

©2021 Takumi Mori ,Printed in Japan
〈検印省略〉
ISBN 978-4-89347-373-8　C3037

印刷・製本　シナノ印刷株式会社